Fritz Bauer

Das Personalpronomen

in Le Pelerinage de vie Humaine von Guillaume de Deguileville

Fritz Bauer

Das Personalpronomen
in Le Pelerinage de vie Humaine von Guillaume de Deguileville

ISBN/EAN: 9783744619950

Hergestellt in Europa, USA, Kanada, Australien, Japan

Cover: Foto ©Andreas Hilbeck / pixelio.de

Weitere Bücher finden Sie auf **www.hansebooks.com**

DAS PERSONALPRONOMEN

IN

LE PELERINAGE DE VIE HUMAINE

VON

GUILLAUME DE DEGUILEVILLE.

INAUGURAL-DISSERTATION

VERFASST UND DER

HOHEN PHILOSOPHISCHEN FAKULTÄT

DER

K. BAYER. JULIUS-MAXIMILIANS-UNIVERSITÄT WÜRZBURG

ZUR

ERLANGUNG DER DOKTORWÜRDE IN DER PHILOSOPHIE

VORGELEGT

VON

FRITZ BAUER
AUS WÜRZBURG.

WÜRZBURG.
KGL. UNIVERSITÄTSDRUCKEREI VON H. STÜRTZ.
1899.

MEINER LIEBEN BRAUT

FRIEDA

GEWIDMET.

Vorbemerkung.

Die vorliegende Arbeit beschränkt sich mit Vorbedacht auf ausschliessliche Betrachtung des Redeteiles, dem sie gewidmet ist, — ohne sich sozusagen um die umgebenden sprachlichen Verhältnisse zu kümmern. Sie will im Sinne der heute noch unentbehrlichen grundlegenden Arbeit von Gessner „Zur Lehre vom französischen Pronomen" ein Beitrag „zur Lehre vom französischen Personalpronomen" sein, dessen enge Begrenzung durch den ins Auge gefassten Zweck von vorneherein bedingt war. Von einer kritisch abwägenden Würdigung der seit Gessner erschienenen verwandten Arbeiten glaubte der Verfasser um so eher absehen zu sollen, als er schliesslich nur hätte wiederholen können, was die letzte sich eingehender mit dem Personale beschäftigende Arbeit von Voll in der Einleitung bietet.

Die Auswahl der Belegstellen wurde so getroffen, dass die Menge der Beispiele in den einzelnen gegebenen Fällen ungefähr dem Verhältnisse entspricht, in dem die beleuchteten Spracheigentümlichkeiten zu einander stehen.

Inhaltsübersicht.

	Seite
Einschlägige Literatur	8
Einleitung	13

I. Formen.
  A. Tonloses Pronomen.
    1. Im allgemeinen dieselben Formen wie heute 19
    2. il für 3. Pers. plur. masc. 19
    3. li neben lui 19
    4. ge, vos, ly, luer 20
    5. nel, el 20
    6. ell' 20
    7. l'en für li en 20
  B. Betontes Pronomen.
    1. Geschwundene Formen ti, li 21
    2. li (ly) für elle 21
    3. moy, toy, soy, eus, euz, eulz, euls 21

II. Syntax.
  A. Tonloses Pronomen.
    1. Im absoluten Nominativ (getrennt vom Verb) 22
    2. Auslassung (und Nichtwiederholung) des pronominalen Subjektes 23
    3. Pleonastische Wiederaufnahme des Subjektes 26
    4. Subjekt beim Imperativ oder Befehlskonjunktiv 27
    5. Zusammenfassung verschiedenpersönlicher Subjekte 27
    6. il für celui 28
    7. il grammatisches Subjekt 29
    8. Inversion 29
    9. Wiederholung des vorausgeschickten Objektes vor dem Verb . 30
    10. Fragestellung 31
    11. Oblique Formen nach dem Verbum finitum 32
    12. Akkusativ vor Dativ 32
    13. Auslassung des Akkusativs der 3. Person bei Dativ derselben Person 33
    14. Andere Kombinationen als mit dem Akkusativ der 3. Person vor dem Verb unstatthaft 34
    15. en und y nach dem Pronomen 34
    16. en vor y 34
    17. Stellung beim affirmativen Imperativ 34
    18. Bei koordiniertem Imperativ 35
    19. Beim prohibitiven Imperativ 36
    20. Beim Befehlskonjunktiv 36
    21. Verb + Infinitiv 36

	Seite
22. Verb + Partizip (Gerund)	40
23 Zusammenfassung verschiedenpersönlicher Objekte	41
24. Wiederholung vor jedem Verb	42
25. Auslassung des Objektes der 3. Person	43
26. le in Nebensätzen mit comme	43
27. le auf Folgendes hinweisend	44
28. le prädikativ bei être	45
29. Zurückweisung auf Substantiv ohne Artikel	45
30. Dativ für präpositionale Fügung	45

B. Betontes Pronomen.

1. li (ly) für elle	46
2. Absoluter Nominativ	47
3. Als Objekt beim Verbum finitum	48
4. Bei Präpositionen	49
5. Vor dem Infinitiv	49
6. en und y nach dem Infinitiv	52
7. Vor dem Partizip	54
8. moi, toi nach dem affirmativen Imperativ	55
9. Dativ ohne à	56
10. Dativ mit à	57
11. Mit de statt Possessiv	59
12. Bei même	60
13. Auslassung des Reflexivs vor dem Infinitiv	60
14. soi bei bestimmten Personen	60
15. soi ohne reflexive Bedeutung	62
16. eux für pluralisches soi	62

C. Plural für Singular.

1. Pronomen reverentiae	64
2. Pluralis majestatis	66

D. en und y.

1. ent für en	67
2. en örtlich	67
3. Bei Herkunft in übertragenem Sinn	68
4. Bei Komparativen	68
5. Für Verbindung mit de	69
6. Für Genitiv	70
7. Bei Quantitätsbegriffen	70
8. Abundierend	72
9. Auf Personen bezüglich	72
10. y örtlich	72
11. il y a	72
12. Übertragen und für Dativ	73
13. Auf Personen bezüglich	74
14. Für y das Pronomen bei Sachen	74

Schluss 75

Einschlägige Literatur¹).

A. Literaturgeschichtlich:

ten Brink, Bhd., Geschichte der Englischen Litteratur, Bd. II, hsg. von Alois Brandl. Strassburg 1893.

Histoire de la Langue et de la Littérature française des Origines à 1900, publ. sous la direction de L. Petit de Julleville, t. II Paris 1896.

Le Clerc, Vict. (& Renan, E.), Histoire littéraire de la France au quatorzième siècle. 2. éd., I. II. Paris 1865. (Dasselbe in: Histoire littéraire de la France, T. XXIV. Paris 1862.)

Paris, Gaston, La littérature française au moyen âge. Paris 1888.

B. Sprachlich:

1. Umfassendere Werke:

Brunot, Fd., Précis de grammaire historique de la langue française. 3. éd. Paris 1894.

Burguy, G. F., Grammaire de la langue d'oïl. 2. éd., t. I. Berlin, Paris 1869.

Chassang, A., Nouvelle grammaire française. Cours supérieur. 3. éd. Paris s. a.

Clédat, L., Grammaire élémentaire de la vieille langue française. Paris 1887.

Clédat, L., Nouvelle grammaire historique du français. Paris 1889.

Clédat, L., Grammaire raisonnée de la langue française. 2. éd. Paris 1894.

Darmesteter, A., & Hatzfeld, Ad., Le seizième siècle en France. Paris 1878,

Darmesteter, Arsène, Cours de grammaire historique de la langue française. p. IV. Paris 1897.

Diez, F., Grammatik der romanischen Sprachen. 5. A. Bonn 1882.

Étienne, E., Essai de grammaire de l'ancien français. Paris, Nancy 1895.

---

1) Obwohl das Verzeichnis auch Schriften enthält, die manchmal nur in einem einzigen Punkte einschlägig sind, macht es doch keinen Anspruch auf absolute Vollständigkeit. Es enthält nur die Schriften, die dem Verfasser vorgelegen haben. Hinweise werden im Verlaufe der Untersuchung in der Regel nur auf die umfassenderen Werke gemacht. Die Hinweise beziehen sich stets auf die Seitenzahl. Gegebenen Falles ist die Zahl des Paragraphen, der Anmerkung u. s. w. beigefügt.

Fallot, Gst., Recherches sur les formes grammaticales de la langue française
au XIIIe siècle. Paris 1839.
Gessner, E., Zur Lehre vom Französischen Pronomen. 2. A. Berlin 1885.
Grundriss der romanischen Philologie, hsg. von Gst. Gröber, Bd. I. Strassburg 1888.
Haase, A., Französische Syntax des XVII. Jahrhunderts. Oppeln, Leipzig 1888.
Körting, Gst., Encyklopaedie und Methodologie der romanischen Philologie,
Th. III. Heilbronn 1886.
Körting, Gst., Formenlehre der französischen Sprache, Bd. II. Paderborn 1898.
Loiseau, A., Histoire de la langue française. Paris 1881.
Mätzner, Ed., Syntax der neufranzösischen Sprache. I. II. Berlin 1843. 1845.
Mätzner, Ed., Französische Grammatik. 3. A. Berlin 1885.
Meyer-Lübke, W., Grammatik der romanischen Sprachen, Bd. II. Leipzig 1894.
Schulze, Alfr., Der altfranzösische direkte Fragesatz. Leipzig 1888.
Schwan, Ed., Grammatik des Altfranzösischen. Leipzig 1888.
Stier, G., Französische Syntax. Wolfenbüttel (1896).
Tobler, Adf., Vermischte Beiträge zur französischen Grammatik I. II. III.
Leipzig 1886. 94. 99.

2. Spezialarbeiten (Dissertationen, Schulprogramme u. s. w.)

Abbehusen, C., Zur Syntax Raouls de Houdenc. Diss. Marburg 1888.
Badke, O., Beiträge zur Lehre von den französischen Fürwörtern Progr.
Realgym. Stralsund 1891.
Bartels, Will., Die Wortstellung in den „Quatre Livres des Rois". Diss.
Heidelberg 1886.
Becker, K., Syntactische Studien über die Plejade. Diss. Leipzig 1885.
Beckmann, Em. A., Étude sur la langue et la versification de Malherbe. Diss.
Bonn 1872.
Behschnitt, Mx., Das französische Personalpronomen bis zum Anfang des
XII. Jahrhunderts. Diss. Heidelberg 1887.
Berg, Pt., Die Syntax des Verbums bei Molière. Diss. Kiel 1886.
Beyer, E., Die Pronomina im altfranzösischen Rolandsliede. Diss. Halle 1875.
Bruns, Mx., Laut- und Formenlehre des Livre d'Ananchet. Diss. Bonn 1889.
Dammholz, Rdf., Sprach-Studie aus dem Anfang des XVII. Jahrhunderts im
Anschluss an J. de Schelandre's Tyr et Sidon. Diss. Halle 1887.
Davids, F., Über Form und Sprache der Gedichte Thibauts IV. von Champagne. Diss. Leipzig 1885.
Dunker, C., Zu Jehan le Marchant. Diss. Göttingen. 1886.
Ebering, E., Syntaktische Studien zu Froissart in Gröber's Zeitschrift, V.
Halle 1881.
Eder, Hg., Syntaktische Studien zu Alain Chartiers Prosa. Diss. Erlangen 1889.
Englaender, Dav., Der Imperativ im Altfranzösischen. Diss. Breslau 1889.
Franzen, Math., Über den Sprachgebrauch Jean Rotrou's. Diss. Leipzig 1892.
Gengnagel, K., Die Kürzung der Pronomina hinter vokalischem Auslaut im
Altfranzösischen. Diss. Halle 1882.
Glauning, F., Versuch über die syntaktischen Archaismen bei Montaigne in
Herrig's Archiv, 49. Braunschweig 1872.

Glauning, F., Syntaktische Studien zu Marot. Diss. Erlangen 1873.
Grosse, K., Syntactische Studien zu Jean Calvin. Diss. Giessen 1888.
Gullberg, Gotthard, Mémoire grammatical sur les poésies de Marie de France. Thèse Lund 1874.
Haase, A., Bemerkungen über die Syntax Pascals in Körting-Koschwitz' Zeitschrift für neufranzösische Sprache und Literatur, IV. Oppeln 1882.
Haase, A., Syntaktische Untersuchungen zu Villehardouin und Joinville. Oppeln 1884.
Haase, A., Zur Syntax Robert Garnier's in Körting-Koschwitz' Franz. Studien, V. Heilbronn 1887.
Haase, A., Syntaktische Notizen zu Jean Calvin in Körting-Koschwitz' Zeitschrift für franz. Sprache und Literatur, XII. Oppeln und Leipzig 1890.
Hamel, F. Alb., Molière-Syntax. Diss. Halle 1895.
Heitmann, Jos., Die Pronomina in dem altfranzösischen Epos „Karls des Grossen Reise nach Jerusalem und Konstantinopel". Progr. Realsch. Crefeld 1891.
Hellgrewe, W., Syntaktische Studien über Scarrons Le Roman Comique. Diss. Jena 1887.
Heydkamp, W., Remarques sur la langue de Molière. Progr. Gym. Münstereifel 1882.
Hilmer, H. C., Étude sur le pronom personnel français Diss. Rostock 1873
Holfeld, Hm., Ueber die Sprache des François de Malherbe. Diss. Göttingen 1875.
Horning, Adf., Le pronom neutre il en langue d'oïl. Diss. Strassburg 1879.
Huguet, Edm., Étude sur la syntaxe de Rabelais. Thèse Paris 1894.
Jacobi, Ph., Syntactische Studien über Pierre Corneille. Diss. Giessen 1887.
Jensen, Arth., Syntactische Studien zu Robert Garnier. Diss. Kiel 1885.
Jordan, L., Metrik und Sprache Rutebeufs. Diss. Göttingen 1888.
Jung, F., Syntax des Pronomens bei Amyot. Diss. Jena 1887.
Keup, W., Das französische en (inde). Progr. Progym. Berent 1893.
Klatt, L., Die Wiederholung und Auslassung gewisser Form- oder Bestimmungswörter in der französischen Prosa des XIII. Jahrhunderts. Diss. Kiel 1878.
Köbler, Gst., Syntactische Untersuchungen über Les quatre livres des Rois. Diss. Erlangen 1888.
Kreutzberg, P., Die Grammatik Malherbe's nach dem „Commentaire sur Desportes". Progr. Realgym. Neisse 1890.
Krüger, P., Ueber die Wortstellung in der französischen Prosaliteratur des dreizehnten Jahrhunderts. Diss. Götting. 1876.
Kühne, O., Ueber den Sprachgebrauch Racines. Diss. Leipzig 1887.
Lahmeyer, C., Das Pronomen in der französischen Sprache des 16. und 17. Jahrhunderts. Diss. Erlangen 1886.
Le Coultre, Jul., De l'ordre des mots dans Crestien de Troyes. Diss. Leipzig 1875.
Leest, W., Syntaktische Studien über Balzac. Diss. Königsberg 1889.
Lidforss, W. Ed., Observations sur l'usage syntaxique de Ronsard et de ses contemporains. Thèse Lund 1865.

Ling, Axel-J., Sur les inversions de la langue française. Diss. Upsala 1866.
List, Willy, Syntaktische Studien über Voiture. Diss. Strassburg 1880.
Lorenz, P., Ueber die Sprache des Garnier von Pont-Sainte-Maxence. Diss. Halle 1881.
Lotz, E., Auslassung, Wiederholung und Stellvertretung im Altfranzösischen. Diss. Marburg 1885.
Marx, Gst., Über die Wortstellung bei Joinville. Diss. Strassburg 1881.
Meerhols, G., Ueber die Sprache des Guillaume Guiart. Diss. Jena 1882.
Morf, H., Die Wortstellung im altfranzösischen Rolandsliede in Boehmer's Roman. Studien, III. Strassburg 1878.
Mucha, Osc., Über Stil und Sprache von Philippe Desportes. Diss. Rostock 1895.
Müller, E., Zur Syntax der Christine de Pisan. Diss. Greifswald 1886.
Nissen, Pt, Der Nominativ der verbundenen Personalpronomina in den ältesten französischen Sprachdenkmälern. Diss. Kiel 1882.
Nordström, Thor, Observations sur la langue et la versification de Mathurin Régnier. Thèse Lund 1870.
Orlopp, Wth., Ueber die Wortstellung bei Rabelais. Diss. Jena 1888.
Peters, Rch., Der Roman de Mahomet von Alexandre du Pont. Diss. Erlangen 1885.
Potthoff, Wr., La Fontaines Stil mit besonderer Berücksichtigung der syntaktischen Archaismen. Diss. Marburg 1894.
Procop, W., Syntactische Studien zu Robert Garnier. Diss. Erlangen 1885.
Radisch, G., Die Pronomina bei Rabelais. Diss. Leipzig 1878.
Raumair, Arth., Über die Syntax des Robert von Clary. Diss. Erlangen 1884.
Raumair, Arth., Über die Syntax Heinrichs von Valenciennes. Progr. Stud.-Anst. Aschaffenburg 1888.
Reichel, Hm., Syntaktische Studien zu Villon. Diss. Leipzig 1891.
Riese, Jul., Étude syntaxique sur la langue de Froissart. Diss. Leipzig 1880.
Rudenick, G., Lateinisches ego im Altfranzoesischen. Diss. Halle 1885.
Saenger, Sam., Syntaktische Untersuchungen zu Rabelais. Diss. Halle 1888.
Schaefer, Curt, Die wichtigsten syntaktischen Altertümlichkeiten in der französischen Literatursprache des 17. Jahrhunderts. Diss. Jena 1882.
Scherffig, Rch., Beiträge zur französischen Syntax. Progr. Realgym. Zittau 1888.
Schliebitz, Vict., Die Person der Anrede in der französischen Sprache. Diss. Breslau 1886.
Schmidt, Hm., Das Pronomen bei Molière. Diss. Kiel 1885.
Schmidt, J. Ulr., Syntaktische Studien über die Cent Nouvelles Nouvelles. Diss. Zürich 1888.
Schüth, H., Studien zur Sprache d'Aubigné's. Diss. Jena 1883.
Schumacher, E., Zur Syntax Rustebuef's. Diss. Kiel 1886.
Siegert, Clem., Die Sprache Lafontaines. Diss. Leipzig 1885.
Sölter, K., Grammatische und lexikologische Studien über Jean Rotrou. Diss. Jena 1882.
Stimming, A., Die Syntax des Commines in Gröber's Zeitschr. I. Halle 1877.
Toennies, P., La syntaxe de Commines. Diss. Greifswald 1875.

Uhlemann, Em., Grammatische Eigentümlichkeiten in P. Corneilles Prosaschriften. Progr. Klosterschule Ilfeld 1891.
Völcker, Bhd., Die Wortstellung in den altfranzösischen Sprachdenkmälern. Diss. Münster 1882.
Voizard, Eug., Étude sur la langue de Montaigne. Thèse Paris 1885.
Voll, K., Das Personal- und Relativpronomen in den Balades de Moralitez des Eustache Deschamps. Diss. München 1896.
Wagner, Mx., Étude sur l'usage syntaxique dans „La Semaine", Poème épique de Du Bartas. Diss. Königsberg 1876.
Waldmann, Mch., Bemerkungen zur Syntax Monstrelets. Diss. Erlangen 1887.
Wespy, Léon, Die historische Entwickelung der Inversion des Subjektes im Französischen und der Gebrauch derselben bei Lafontaine. Diss. Jena 1884.
Wüllenweber, H., Vaugelas und seine Commentatoren. Progr. Sophien-Realsch. Berlin 1877.
Zilch, G., Der Gebrauch des französischen Pronomens in der 2. Hälfte des XVI. Jahrhunderts. Diss. Giessen 1891.
Zingerle, Wolfr., Raoul de Houdenc und seine Werke. Diss. Erlangen 1880.
Zwick, Rch., Ueber die Sprache des Renaut von Montauban. Diss. Halle 1884.

Einleitung.

Das Gedicht, das vorliegender Untersuchung zu grunde liegt, verdankt sein Entstehen dem Einflusse des Rosenromans, des in mehr als einer Hinsicht bedeutendsten poetischen Erzeugnisses des französischen Mittelalters. Guillaume de Deguileville stellt es selbst gleich eingangs so hin, als habe die intensive Beschäftigung mit dem Rosenroman ihn seinerseits zu dem Traume inspiriert, den er erzählen will:

>Vers 7: Une vision veul nuncier
>Qui en dormant m'avint l'autrier.
>En veillant avoie lëu,
>Considere et bien vëu
>Le biau roumans de la Rose.
>Bien croi que ce fu la chose
>Qui plus m'esmut a ce songier
>Que ci apres vous vueil nuncier.

Mag man nun annehmen[1], G. de D. habe zu dem ihm allzu üppig weltlich scheinenden[2] Rosenroman ein geistliches Gegenstück schaffen wollen, das um so mehr Aussicht auf Erfolg haben musste, als es sich zur Verwirklichung seiner Intentionen derselben Mittel bediente, wie sein in der allgemeinen Wertschätzung herabzusetzendes Vorbild, so ist doch auch wieder nicht zu leugnen, dass G. de D. selbst stark im Banne dieses seines Vorbildes stand und sich ihm so wenig entziehen konnte, dass er den Rosenroman nicht nur preisend „le biau roumans" nennt, sondern im Verlaufe seiner eigenen Erzählung sogar noch einmal darauf zurückkommt, um dessen Autorität für sich in's Feld zu führen:

>881: Ce verrez vous tout sans glose
>Ou roumans qui' est de la Rose.

---

[1] ten Brink, II, 356.
[2] Paris, 171.

Sei dem, wie ihm wolle; als feststehend dürfte angenommen werden, dass G. de D. hauptsächlich von dem Teil des Rosenromans beeinflusst war, der von Jean de Meung stammt. Abgesehen von einzelnen Wendungen der Sprache, von stereotyp wiederkehrenden Redensarten u. dgl., weist darauf hin die Art seiner Allegorie[1]), die nichts von dem süssen Zauber der Poesie des Guillaume de Lorris hat, dagegen von Anfang an mit der gedanklichen Gründlichkeit, um nicht zu sagen Weitschweifigkeit, des Jean de Meung sich begegnet, ohne allerdings dessen Tiefe und Wucht zu erreichen.

Kann man G. de D. keinen Poeten nennen, so verdient er vielleicht den Namen eines Denkers. Und so findet das, was seine allegorischen Figuren sprechen, eher den Weg zum Verstande, als diese selbst mit ihren meist nüchtern ausgeklügelten Attributen den Weg zum Herzen. An Herz fehlt es ihm selbst ja nicht, ebensowenig, wie an Geist. So streng kirchlich er gesinnt ist, so zwar, dass ihm die Kirche

9255:   la princesse
     De toute gent et (la) mestresse

ist, und dass er das pietätlose Vergreifen der Könige an ihr und ihrem Gute nicht streng genug verdammen kann (9203 ff.[2]), so weit ist er entfernt, ein eifernder Fanatiker zu sein, und die Religion, die er predigt, ist nicht bar des Geistes der Liebe,

---

[1]) Inwieweit diese auf ältere Dichtungen verwandten Geistes zurückgeht, wäre Gegenstand einer eigenen Untersuchung. „La Voie de Paradis" von Raoul de Houdan (Anfang des 13. Jahrh.) käme nicht unwahrscheinlich in Betracht. S. über diesen und über G. de D. Petit de Julleville, II, 205—7!

[2]) Der unzweifelhaft berechtigten Annahme, dass diese geharnischte Auslassung in Erinnerung an Philipp's IV. skrupellose Art, sich speziell auch auf Kosten der Kirche die ständig leere Kasse zu füllen, eingefügt ist, scheint zu widersprechen, dass G. de D. die hässlichste That dieses Königs, die grausam ungerechte Unterdrückung des Tempelherrnordens, ohne ein Wort der Kritik im Sinne Philipp's der Ketzerei schuld gibt. Der Pilger fragt Heresie:

11545: Es tu, dis jë, or me di voir,
        La vielle qui fëis ardoir
        Les Templiers?

Freilich kann diese Frage in Zusammenhalt mit Heresie's lakonischer Antwort „Oïl (voir)" auch in dem Sinne gedeutet werden, dass Heresie nur den Vorwand zur Verbrennung der Templer hergeben musste. Oder wäre G. de D. selbst auch ein „Ketzerfresser" gewesen, wenn auch bona fide?

den ihr Stifter darin lebendig wissen wollte. Seine kirchliche Gesinnung hält ihn nicht ab, den Priestern, die mit geistlichen Dingen Wucher treiben, schonungslos die Wahrheit zu sagen (9841 ff.). Er will so sehr nur das Rechte, dass er am Schlusse, nach Beendigung der Traumerzählung, für etwaige Irrtümer, die sich eingeschlichen haben könnten, förmlich um Nachsicht bittet:

> 13517: Se ce songe n'ai bien songie,
> Je pri qu'a droit soit corrigie

und eigens seine gute Absicht betont:

> 13525: Nulle erreur je ne vourroie
> Maintenir par nulle voie,
> Mes bien vourroie et ai voulu
> Que par le songe qu'ai vēu
> (Tous) pelerins se radrecassent,
> (Et) De fourvoier se gardassent.

Über seine Lebensverhältnisse gibt das Gedicht nur spärliche, aber nicht unwichtige Aufschlüsse.

Er war von edler Abkunft:

> 9145: N'est pas raison, qu'a marmouset
> Qui avugle est, sourt et muet
> Je serve ne (que) face hommage
> Qui sui de noble (et franc) lignage,

Sohn des Thomas de Deguileville:

> 5963: Dieu est ton pere et tu son fil,
> Ne cuides pas que soies fil
> (A) Thomas de Deguileville,

getauft auf den Namen Guillaume:

> 4153: De ceste gorgiere jadis
> Fu arme l'abbe de Chaalis,
> Saint Guillaume, ton bon parrain,

seines Berufes Mönch:

> 31: Or entendez la vision
> Qui m'avint en religion
> A l'abbaie de Chaalit,
> Si com j'estoië en mou lit,

und 13494: Mais ainsi comme je estoie
> En tel point et en tel tourment
> J'oui l'orloge de convent
> Qui pour les matines sonnoit
> Si comme de constume estoit.

Die Abfassung seines Gedichtes fällt in die Jahre 1330—31. Er datiert es selbst an zwei Stellen. Zuerst, wo er von der

Gründung der Kirche durch Grace Dieu spricht (die er mit der Geburt Christi als vollzogen annimmt):

> 397: Celle avoit elle fondee
> (Si) com disoit et maconnee
> . XIII^c . et . XXX . ans avoit;

dann mit Datierung des Schriftstückes, auf grund dessen sich Raison als Bevollmächtigte von Grace Dieu ausweist, und das unterfertigt ist:

> 5255: Donne en nostre an que chascun
> Dit M. CCC. et XXXI.

Hält man damit die Altersangabe zusammen, die in Raison's Rede über den „grans anemis" des Autors, seinen Leib, eingeflochten ist:

> 5775: Tel comme il est, tu l'as nourri
> Et plus assez soigneus de li
> As este que la fame n'est
> De son enfant qu'alette et pest;
> Grant temps a que tu commencas
> Ne onques puis tu ne finas;
> Se . XXXVI . ans disoie,
> Je cuit que (de) pou mesprendroie,

so ergibt sich als Geburtsjahr des Dichters 1295.

Was seinen Bildungsgang betrifft, so gestattet die Bemerkung, die Grace Dieu anlässlich ihres Exkurses über das Gedächtnis einfliessen lässt:

> 4899: Piec'a fussent a povrete
> Les clers de l'Universite,
> Se ne leur gardast leur avoir
> Qu'il ont aquis et leur savoir,

den Schluss, dass G. de D. an der Universität zu Paris eifrigen Studien obgelegen hat. Wie zahlreiche Bezugnahmen beweisen, kennt er nicht nur die Bibel durch und durch, sondern ist ebenso bewandert in der alten Mythologie. Mit seinem Aristoteles ist er wohl vertraut, und wenn dieser auch in dem beiderseits mit dem Aufwand hartnäckigsten Scharfsinns geführten Disput mit Sapience (2921 ff.) den kürzeren zieht, so hält G. de D. doch grosse Stücke auf ihn:

> 4705: Quar ce qui est bon a mulon,
> Si n'est pas bon an estalon,
> C'est ce quē Aristote dit
> En Ethiques ou est escrit.

Philosophie ist überhaupt die Disziplin, die vorzugsweise sein Denken beschäftigt, sonst würde er nicht, trotz der eingangs gegebenen Erklärung:

> 21: Grans et petis la vision
> Touche sans point de excepcion.
> En francois toute mise l'ai
> A ce que l'entendent li lai,

ein paar Mal sich philosophische termini technici in lateinischer Sprache hingehen lassen, die wohl ihm, nicht aber „dem Laien" verständlich sind:

> 1307: Bien voy que tu n'as pas apris
> Predicament ad aliquid
>
> und 10635: Par li ainsi in abstracto
> Laide sui, mes in concreto
> Encor je sui plus laide assez.

Daneben vernachlässigte er nicht die Pflege der schönen Literatur seines Vaterlandes, wie im besonderen eine zweimalige Heranziehung des Rolandsliedes:

> 4255: Onques ne fu l'espee Ogier
> Ne la Roulant ne l'Olivier
> Si vertueuse ne puissant,
>
> und 7877: Ce cornet n'est pas le Roulant
> Dont il corna en soi mourant,

und eine ähnliche Bezugnahme auf den Roman de Renard beweist:

> 8053: Je fais aussi com Renart fist
> Qui en la voie mort se fist,
> A fin qu'en la charrete fust
> Gete et des harens eust.

Alles in allem darf in G. de D. ein Mann von nicht gewöhnlicher Geistes- und Herzensbildung vermutet werden. Es sind genug Spuren davon in sein Werk übergegangen, um den nachhaltigen Einfluss zu erklären, den es auf lange hinaus auf die Literaturen der Nachbarländer ausgeübt hat. Es wurde ins Spanische und in viele andere Sprachen übersetzt[1]), und in England, wo es im Vereine mit den beiden anderen „Pilgerfahrten" G. de D.'s („Le Pelerinage de l'Ame" und „Le Pelerinage de Jhesus-Christ") den lebhaftesten Anklang fand und einem Chaucer Anregung bot, ist sein Einfluss noch im 17. Jahrhundert nicht erloschen[2]).

---

[1]) Le Clerc II, 53.
[2]) ten Brink, II, 62, 356—57. Paris, 228. Petit de Julleville a. a. O.

Für die französische Sprachforschung ist es um deswillen ein hochwichtiges Denkmal, weil es in der dämmerigen Übergangszeit des 14. Jahrhunderts einen festen Haltepunkt gewährt, um den man die Erscheinungen des gleichzeitig herrschenden Sprachgeistes klar und durchsichtig kristallisiert sehen kann. Was es dem forschenden Auge bietet, gilt nicht mehr unbestimmt blos von seinem Jahrhundert, sondern ist gleichsam der bestimmt abgegrenzte Niederschlag innerhalb der Jahre 1330—31. Die folgende Abhandlung will an der Hand des Gedichtes, wie es seit 1893 in der für den Roxburghe Club von Prof. Dr. J. J. Stürzinger hergestellten kritischen Ausgabe vorliegt, ein an sich zwar enges, aber im Gesamtleben der Sprache eine Hauptrolle spielendes Gebiet betrachten, das Gebiet des Personalpronomens. Das Ergebnis wird zeigen, dass „Le Pelerinage de Vie Humaine" in sprachlicher Hinsicht mitten aus einer Zeit widerstreitendsten Überganges heraus entstanden ist, und dass G. de D. sich wahllos je nach Gunst der Gelegenheit von den verschiedenen Strömungen hat tragen lassen.

I. Formen.

A. Tonloses Pronomen.

1. Die Formen sind bis auf vereinzelte Abweichungen dieselben, wie heute.

2. Die wichtigste Abweichung besteht darin, dass die 3. Pers. plur. masc. noch durchweg il lautet:

    823[1]): Mais ainsi comme *il* estoient
    5463: Et lors li respondirent *il*
    9268: Mes quanqu'*il* font, *il* font par moi.

3. Neben lui für Dat. sing. masc. und fem. tritt noch überwiegend häufig li auf, besonders für fem.:

    2293: Quant donc *aucun* si s'est meffait
    . . . .
    Paine *li* doins et batement
    Pour son bien et amendement.
    Un heure remembrer *li* fas
    Son viez pechie et dire: ha las!
    Pour quoi a ce te consentis
    Pour maintenant estre chetis?
    Une autre foiz *lui* (re)fas dire ...
  10448: Tu ez donques, *lui* ai je dit
    . . . .
    C'est voir, dist *elle*
  12362: Tantost *lui* diz: *Dame,* merci!
   1835: Quant ot ainsi *Grace* parle
    Et despute et argue,
    Nature *li* a respondu
   4859: Ceste *meschine* tu merras
    Et tes armes *li* bailleras

---

[1]) In die Zitate sind die Stürzinger'schen Konjekturen unverändert mit herübergenommen. Durch () sind also zu tilgende, durch [] aufzunehmende Bestandteile kenntlich gemacht.

7249: Quant ot *la vielle* ainsi parle
De son mestier et sermonne,
Par grant despit je *li* redis.
8495: L'autre qui se sēoit o li
L'arresna et *li* dist ainsi:
Suer, ne soies pas hastive!

4. Für je findet sich einmal die Schreibung ge[1]):
13515: Non pas que *g*'i aie tout mis,
für vous — vos:
2185: De mon maillet que *vos* vees,
für li — ly:
6367: Tu *ly* feras eschec et mat,
für leur — luer:
6837: Je *luer* estoie si plaisant.

5. Die Zusammenziehung von neutralem le mit ne zu nel vor Konsonanten ist, wie el statt elle vor Konsonanten, nur konjektural zu belegen. Andere Zusammenziehungen finden sich überhaupt nicht[2]).

6. Vor Vokalen kann elle apostrophiert werden:
4905: Si ques, s'*ell*'a (les) iex derriere,
Par ce saches, (que) tresoriere
Et gardienne de science
Ell' est et de (grant) sapience,
kann aber auch unapostrophiert bleiben:
686: (Re)garde aussi qu'*elle* est crocue
10502: Quar elle pense qu'*elle* ara.

7. Die Apostrophierung ist (ausser, wie heute, bei je, me, te, se, le, la) auch bei li statthaft, allerdings nur vor en[3]):
400: Si comme bien *l'en* souvenoit.
3599: De li oster (mont) se penerent
Et mont (de) paine *l'en* donnerent
7240: Hart je *l'en* face entour le col
11144: Mercis t'en rent, graces *l'en* di
11473: m'ame le crient
Toute les foies qu'il *l'en* souvient.

---

1) Das Auftreten von ie:
7175: Ausi *ie* me vois defriant
ist, als unleugbares Resultat rein zufälliger Umstände (Schreibflüchtigkeit?), gewiss ebenso wenig von Bedeutung, wie das Begegnen von jl für il:
12321: *Jl* a mestier que sans sejour
Jl truisse refuge ou destour.
2) Cf. Gengnagel.
3) Cf. Étienne, 211.

B. Betontes Pronomen.

1. Die einzigen heute geschwundenen Formen sind: ti neben toi (einmal)[1]):

>4484: N'autre maistre ne *ti* faura

li neben lui:

>799: L'official s'en est tourne
>Et avec *li* en a porte.
>
>5605: Par *lui* Nabal et Pharaon
>Furent mis a confusion,
>Quar a *li* si s'apuierent
>Que leur mort en pourchacierent.

2. Über den Gebrauch von li (ly) für heutiges elle, der noch durchaus Regel ist, siehe den syntaktischen Teil!

3. Neben moi erscheint die Schreibung moy:

>1720: Ne parlissiez (pas) du bonnage
>Qui est mis entre vous et *moy*,
>Quar il vous bonne, non pas *moy*
>
>8191: Ainsi com a plait me tenoit
>Flaterie et a *moy* parloit,

neben toi — toy:

>659: Souviengne *toy*
>
>6811: Pour *toy* veut avoir a souffrir
>Pour *toi* sauver et garantir,

neben soi — soy:

>259: qui en *soy* a plus bonte,
>Plus a en *soi* d'umilite
>
>5937: Miex vaut assez connoistre *soy*
>Qu'estre empereur, conte ne roy,

für eux die Formen eus (am häufigsten):

>571: Ainsi comme (entre) *eus*. II. parloient,
>(Et) leur oignemens ordenoient,
>(Tan)tost vers *eus* une pucelle
>Descendit d'une tournelle
>
>7887: Des esperons ausi te di,
>Quar par *eus* bien conneue sui,

euz:

>838: Raison tantost vers *euz* se traist
>4305: Et quant aucun d'*euz* tu verras,

---

[1]) Wenn hier nicht die von anderer Seite vorgeschlagene Konjektur: „*t'i faura*" anzunehmen ist.

eulz (einmal):
    8859: Je fais des hommes chahuans
           En plain midi et non voians,
           Et les avugle et abestis.
           En *eulz* troublant tout leur avis.

und konjektural einmal e u l s:
    1889: Vostre pouer vous leur donnez
           Et pour *euls* donner me tolez.

II. Syntax.

A. Tonloses Pronomen.

1. Die tonlose Form ist noch verhältnismässig häufig im Gebrauch im absoluten Nominativ, oder überhaupt getrennt vom Verb, in Fällen, wo heute neben der tonlosen Form die betonte in Anwendung kommen müsste[1]):

je:
    2459: *Je* Jhesus, le filz Marie,
        . . . .
        Je fais mon derrain testament
    3573: *Je* qui l'escherpe (re)gardoie
        Et (tres) touz jours l'ueil i avoie,
        Vi goutes de sanc semees
    4773: Et *je* tout seul la demourai
    5876: Ai *je* songie ou songiez vous?
    8131: N'est jouglerresse ne jugleur
        Qui i face soulas greigneur
        Que *jé* i fais
    8335: Et *je*, dis je, sans nul delai
        Volentiers leur demanderai
    8503: Et *je*, dist elle, bien l'ottroi
    8724: Et *jé* aussi li vueil aidier
    10155: Elle la het et *jé* aussi
    12623: Lors entra elle et *jé* aprez.

tu:
    749: Quar *tu* meismes les ottroies
    1347: Or entent bien ceste lecon
        Tu qui es en subjection
    3037: (Et) quant *tu* donques et Nature
        Avez este (des)souz ma cure
    4628:   *tu* qui sembles champions

---
[1]) Gessner, I, 3.

i l:

4709: Mes se David aussi com *tu*
Grant eust este com puis il fu
7006: Quar *tu* premier lessiee m'as
7401: *Tu*, dist elle, quant tu vourras,
Tout a temps leur demanderas
10505: Je pense que ce seras *tu*,
Puis que tu es ici venu
11025: Moises vit en figure
Que *tu* virge nete et pure
Jhesu, le fil Dieu, concëus.
Un buisson contre nature
Vit qui(l) ardoit sans arsure.
C'est *tu*, n'en sui point decëus.
11255: Celle roche que tu vois la
Est le cuer de celi qui a
A escient aussi com *tu*
Laissie la voie de salu.

3945: *Il* a son point te dolera
Et selonc soi t'apointera
6001: Bataille a li as en tous temps
Et *il* a toy, se ne te rens
6009: Tu es Sanson, *il* Dalila
6116: comment est ce
Que l'ame ainsi porte le cors
Qui est dedens et *il* dehors?
9417: Il semble que le bloc (je) garde,
Mes *il* assez (mont) miex me garde.

elle:

1513: Et c'estoit *elle* voirement
8917: *Elle*, quant limer me cuidoit,
Mon fer limoit et endentoit
10791: c'ert *elle*
11319: Et c'estoit *elle* voirement.

Für absolutes pluralisches il fand sich kein Beleg.

Über das Eindringen der betonten Formen in den absoluten Nominativ siehe Abt. B!

2. Auslassung (und Nichtwiederholung) des Pronominalsubjektes ist ausserordentlich häufig und ist an keine Regel gebunden, so zwar, dass Auslassung und Nichtauslassung sich gegenseitig unmittelbar ablösen können.

Es fehlt j e:

499: Puis apres quant mon point *verrai*,
De mon bourdon je vous dirai

     Et de l'escherpe que *desir*,
     Quar assez en *avrai* loisir.
  9547: Elle l'est, certes, voirement,
     Mes c'est de l'ame seulement;
     Mes de l'ame et du cors le *sui*.

tu:

  677: Se par dehors *sembles* cornus,
     De cornes soit ton cuer tout nus,
     Dedens soies misericors
     Quel que tu soies par dehors.
  6126: Ton vestement et ton habit,
     Il te contient et *es* dedens.

il:

  517. Robe de lin vestu *avoit*
  5947: (Tu) ez de Dieu la pourtraiture
     Et l'ymage et la faiture,
     De nient te *fist* et te *crea*
     A sa semblance et *compassa*
     Facon plus noble toi donner
     Ne te *pouoit* ne emprimer,
     Il te fist bel...

il (neutr.)[1]):

  696: De ta verge le passaige
     Doiz tenter, s'il est trop parfont
     Ou s'i *faut* faire planche ou pont,
     Quar se pont ou planche il failloit,
     A toy fairë *appartendroit*
  1231: N'y *a* chose si bien close
  4577: Ou (tu) cuidez par aventure
     Qu'en moi *ait* si grant laidure

elle:

  7363: Bien sembloit que *fust* maistresse
     (De) la vielle, sa porterresse;
     Aler la *faisoit* ou *vouloit*
     Et elle un mirour li tenoit
     Ou elle miroit sa face

nous:

  11042: N'*avons* autre tirelire

vous:

  1195: Quant *devries* du plat ferir,
     Par aventure sans mentir
     Vostre glaive *tourneries*
     Et du taillant vous ferriëz,

---

[1]) Cf. II. D, 11.

	Ou quant vous devriez jugier,
	Avant *voudriez* corrigier
2631:	se par moi ne *ventez*
	Et par ailleurs vous passïez
4611:	quant d(es)' armes me *parlastes*
	Et vous les amonnestastes
il (plur.):	
9798:	Dont tu as vëu, se tu veus,
	Que quant il n'ont (ce) qu'il demandent,
	(Nulle) excusation n'en *prennent,*
	Ains en *ont* indignation
elles:	
2341:	Des verges se voules le non.
	Dites *sont* Satisfation
10015:	Elles n'avoient nus amis
	Et n'*ont* encore a mon avis.

Bei der Frage ist zu unterscheiden zwischen Wort- und Satzfrage (Bestimmungs- und Bestätigungsfrage[1])). In der Wortfrage kann das Pronominalsubjekt nach Belieben ausgelassen werden:

2307:	Pour quoi a ce te *consentis*
4793:	Biau dous Dex, pour quoi perdue *ai*
	Ma vertu et ou mise l'*ai?*
5169:	Comment *as* non et ou *quellis*
	Ton grant baston et le *prëis?*
6292:	Au quel des ·II· t'*acorderas?*
6611:	Et comment te *pourroye* amer?
9110:	Harou! dis je, Diex! que *ferai?*
9285:	(Et) comment seignourie *aroies*
	Sur rois, (et) contes, et *seroies*
	Leur dame
11378:	Quel part *irai*
12579:	Comment, dis je, *es* apelle?

oder stehen

2719:	Que *quiers tu* ci?
3167:	Et comment, dist elle, *iert il* mis
	En un cuer
5265:	Qui *estes vous*
5405:	Pour quoi le *fais tu* par t'ame
5875:	que *dites vous?*
6909:	Que *fais tu* la et ou *vas tu?*
12352:	Ou *as tu* este, dont *vient tu?*

In der Satzfrage wird das Subjekt zumeist gesetzt:

---

[1]) Schulze, I, Anm.

305: *Vois tu* comment sui paree
424: *Es tu* pour si pou esbahis?
1033: Me *cuides tu* tout seul avoir
2068: *Pourrai je* avoir alegement?
3068: *Cuidiez vous*
3765: Ne t'*ai je* pas maintenant dit
4581: Le *cuides tu?*
5267: n'*avez vous* oui
8629: Donc, dis, je, *es tu* lairronnesse?
9192: *Sui je* esbahi?
11245: *Vois tu*, dist elle, ce cuvier?
13324: I *a il* lait
Dont vous me veulliez alaitier?

Doch findet auch Auslassung statt:

5321: Ne *cuidiez* pas que sache bien,
Quant j'o nommer ou chat ou chien,
Que buef et vache ce n'est pas,
Ains est ·I· chien et est ·I· chas?
5355: Mon non en voz fuelles *aves*
Et puis aprez le *demandez?*
5897: Donques ton pelerinaige
Lai(sse)roies et ton voyage?
8157: *Quis*, dist elle, onques parler
De l'unicorne et raconter... ?

Im allgemeinen scheint die Freiheit, auch im Fragesatze das Pronominalsubjekt wegzulassen oder nicht, eine wenig beschränkte gewesen zu sein, sonst könnten Beispiele, wie folgendes, nicht begegnen [1]):

7818: *Avez* ouï, *avez* vëu
Comment j'ai dit, comment j'ai fait?
Qu'en *dites vous*, est ce bien fait?
Vous *semblé il* que proprement
Je l'aie fait et soutilment?
Cuidiez vous ore que celui
Ou tel autre l'eust fait ainsi?

3. Pleonastisch kann das Personale das Subjekt wieder aufnehmen:

4007: Quar Mort est beste (si) sauvage,
(Que) qui la voit, *il* enrage.
6126: Ton vestement et ton habit,
Il te contient et es dedens.
9475: Qui vie i cuideroit trouver,
Il se feroit pour fol clamer.

---

[1]) Cf. Ebering in Gr. Ztschr. V, 330.

Eine ähnliche Funktion versieht es in folgendem Beispiel, wo es das antizipierte Subjekt des Nebensatzes wiederaufnimmt:

> 2871: Quar *le pain* que faire vouloit
> Du grain moulu que prest avoit
> Vouloit qu'*il* fust si sagement
> Panete ...

4. In vereinzelten Fällen findet sich der Wunsch- oder Befehlsform des Verbs das Pronominalsubjekt beigegeben:

> 3585: Sanc voi sus l'escherpe espandu
> Quë oncques mais je n'apercu.
> Ou de ce sanc *vous* m'apaisiez
> Ou autre escherpe me bailliez.
>
> 11997: Et se tu ne l'as, mal venu
> Seras, assez tost saches *tu!*

Formelhaft klingt:

> 1605: Mais [bien] voirs est que je baillai
> La matierë et delivray
> Dont on le fait, ce savez *vous*.

Vergleiche dazu:

> 3756: Je ne me puis tenir, par Dieu,
> Que ne vous die mon pense
> De ce bourdon qu'il n'est ferre;
> Bien m'en deplaist, ce sachiez *vous*,
> Pour autres que voi ferrez tous.

5. Die Zusammenfassung mehrerer verschiedenpersönlicher Subjekte durch die entsprechende Form des Personalpronomens[1]) besteht gleichsam nur virtuell, d. h. das Verb wird im Plural der betreffenden Person auf alle Subjekte bezogen, ohne von dem dazu gehörigen Subjektspronomen begleitet zu sein[2]):

> 3037: (Et) quant tu donques et Nature
> *Aves* este (des)souz ma cure
> 4945: Adonc li et moi (les) *levasmes*
> 5926: Ains toi et ton cors *estes* · II ·
> 6391: Je cuidoie que moi et li
> *Fussons* un
> 11741: Quar floibe *sont* li et ses las
> 12116: Les garnisons que de piec'a
> Nous et nostre Grace *avions*
> Mis en diverses regions.

---

[1] Stier, 316
[2] Cf. Ebering in Gr. Ztschr. V, 366. Voll, 24, 5.

In dem Beispiel:
> 346: Pour ce qu'asses tu trouveras
> D'empeschemens et de meschiefs
> D'aversitez et d'encombriers,
> Les quiex ne *pues* passer sans moi
> Ne toi ne autres

erklärt sich p ues zunächst daraus, dass ursprünglich nur das Subjekt tu gedacht war, und erst hinterher die Scheidung in ne toi ne autres erfolgt. Übrigens wird das Verb auch sonst, wenn die einzelnen Subjekte gleichwertig auseinander gehalten sind, nur zu dem zunächststehenden bezogen:
> 9380: Que moi ni autre en *fust* aisie

Ganz ungewöhnlich ist:
> 5365: Je tenoie une opinion
> Que n'*est* pas un moi et mon non.

Vergleiche dazu oben Beispiel 6391!

Statt Zusammenfassung erscheint Trennung durch eigene Beziehung des Verbs zu jedem Subjekt:
> 6202: Tant *fiz*, tant *fist* et li et moy.

Bemerkenswert ist in allen diesen Beispielen, mit Ausnahme des ersten (das mit nous kommt nicht in Betracht), das Auftreten der betonten Formen für die betreffenden absoluten Nominative[1]). Es darf daraus vielleicht geschlossen werden, dass die unbetonten Pronomina zuerst in eben den Fällen als absolute Nominative verdrängt wurden, wo sie sich zu zweien oder mehreren mit anderen Subjekten in das Prädikat teilen mussten[2]).

6. Als Beziehungswort zum Relativ erscheint das Personale statt des Demonstrativs[3]):
> 4025: N'encor n'est *il* pas bien arme
> *Qui* n'en est vestu et arme.

Unsicher ist der Fall:
> 2163: Quar si cruel est et poingnant,
> Si remordant et si percant
> Que s'*il* n'estoit *qui* le tuast,
> Qui le ferist ou assoumast,

---

[1]) Cf. unten 23. und B, 2.
[2]) Cf. Brunot, 297 das aus dem 12. Jh. gegebene Beispiel:
> *Moi* et cest femme firent covenant (Livre des Rois).
[3]) Brunot, 299.

De tant rungier ne fineroit
Que son mestrë ocis avroit.

Indessen dürfte hier il wahrscheinlicher neutral, als grammatisches Subjekt zu einem unterdrückten aucun genommen werden: „wenn nicht jemand wäre, der ihn tötete."

7. Nachfolgendes Subjekt wird ja auch sonst noch durch das grammatische Subjekt il eingeleitet:

3593: Jadis *il fu un pelerin*
5459: Vous *a il,* dist il, *rien failli*

8. Inversion des Subjektes findet ausser in der Frage und in eingeschobenen Sätzen (wofür Beispiele nicht ausgeführt zu werden brauchen) auch in den Fällen statt, wo die Phrase durch adverbielle (auch konjunktionelle) Bestandteile oder durch nachdrücklich vorangestelltes Objekt eingeleitet wird [1]).

253: *Adonc fu je* trestous sous pris
509: Et *ce vt je* apertement
747: Mes *de ce,* si com say de voir,
Ne *fais tu* pas bien ton devoir
959: *Ceus vout il* par especial
Qu'a li et a l'official
Fussent menistre et serviteurs
1011: *Cellui bailla il* moy present
1015: *Grace mesmes* qui la estoit,
Qui a ce faire li aidoit,
Leur *donna il*
1110: Quar *tout ainsi* comme allignier
Il a ouï, *son jugement*
Doit il faire
1407: *Lors pues tu* bien desgaïner
1551: *La pouez vous,* se vous voulez,
Faire assez de nouveletes
1767: *Ainsi est il* du firmament
2199: *La* le balai tourner *doit on*
3111: *Lors* me *peusses tu* arguer
3275: *Si* te *di je*
3871: *Plus* le *point on* et plus dur est
4052: Et *pour ce le vestiras tu*
4909: Et *apres ce doiz tu* savoir
6098: *Encor* le *vueil je* confermer
6770: *Conseil ai je*
7193: *Si* pesans et si aplommes
Les fais *que,* s'estoient pesez,
Vendre les *pourroit on* a pois

---

[1]) Schulze, 164.

9384: *En ce ressemble je* au chien
12095: *Celle voul je* savoir aussi.

Trotz Einleitung kann die Inversion unterbleiben:
341: [Et] *ainsi tu m'apeleras*
719: *Celui* des cornes *tu hurtas*
4055: Adonc le *haubergon je pris*
13444: *Ta vie* fauchier *ell' entent*
Et metre la tout a declin
Et *puis ton cors* en son cofin
Elle metra.

9. In Fällen, wie den beiden letzten, wo das Nominalobjekt einleitend ist, ohne Inversion im Gefolge zu haben, pflegt vor dem Verb bisweilen pronominale Wiederholung des Objektes stattzufinden:

1053: Quar trestous *ceus* que j'amerai,
Tes amis touz je *les* ferai
4910: *tout le sens et le savoir*
Que garde, elle *le* porte aussi
7157: Par maintes fois avenu m'est
Que *ce qui a faire estoit prest*
A l'endemain (je) *l'*estuioie
8582: Quar *tout le bien* que trouver puis
Je *le* sai bien en mal muer
13386: Et *ceus* qui se gisent es lis
Par viellece ou enfermete
Je *les* serf en humilite.

Doch ist Nichtwiederholung häufiger, was zu den schon oben angeführten beiden Beispielen noch folgende Fälle illustrieren mögen[1]):

539: Tous *ceus* qui pelerins seront
Et champion estre vourront
Des deux premiers *tu enoindras*
3645: *l'escherpe* (ainsi) goutee
Des sanc et si esbouciee
Je te baille en exemplaire
5659: *Ce que premierement concoit,*
Pour nulle rien *il ne leroit*
5921: *Ce que l'un veut,* l'autre *ne veut*
6281: *La nue* que tant haioie
Au devant et pou prisoie
Je recommencai a amer

---
[1]) Gessner, I, 16.

11013: *La douceur* de toi pourtraire
Je ne puis.

10. Ist das Fragesubjekt ein Substantiv, so findet sich[1]) neben Voranstellung desselben und nachfolgender Wiederholung durch das Personale:

8696: *Detraction*
Pour quoi *a elle* dit ce ci?

die einfache Inversion (mit Nachsetzung des Partizips):

6049: Comment, dist Raison, par (la) nue
Puet estre *sa clarte* veue?
6608: Et dont t'*est tel pense* venu?
12572: *Est* donc, dis je, leens *[le] roi?*

sowie auch die Umschreibung mit est ce que:

6634: Pour quel cause et pour quel raison
Est ce que fer cler et fourby
Et acier luisant et burny
Enröoullie et lait devient...?

Die Umschreibung mit est ce (oder il) ist auch in folgendem Falle mit pronominalem Subjekt wirksam:

8726: Suer, dist elle, *par ou sera*
Que premierement l'assaudron?

In dem Beispiel:

1471: Dame, dis je, qu'est ce, qu'avez?

nimmt Stürzinger durch Setzung des Kommas zwischen c e und que wohl mit Recht das Vorhandensein zweier Fragen an.

Die Inversion kann in affektvoller Frage auch unterbleiben:

5315: Qu'est ce, dist il, Diex i ait part!
Me retournez vous le billart?
Vous voulez estre loee
Dont (une) autre servit blasmee?
10448: *Tu es* donques, lui ai je dit,
Chose qui nul gouvernement
N'as en toi n'endoctrinement?
11859: *Vous me porterez,* qu'avez dit,
Dis je, damoiselle?

Stellungen, wie:

423: Lors me respondi: *Tu que dis?*
Es tu pour si pou esbahi?
6291: ha las! *tu que feras,*
Au quel des ·II· t'acorderas?

---

[1]) Cf. Schulze die einschlägigen Kapitel!

sind möglicherweise Rücksichten auf den Reim zu verdanken, dürfen vielleicht aber auch als Bestätigung des im Altfranzösischen gestatteten Sprachgebrauches gelten, dass das Subjekt vor dem Fragewort stehen konnte, ohne hinter dem Verb wieder aufgenommen zu werden[1]).

11. Die obliquen Formen des Personalpronomens und die mit ihnen gleichwertigen Pronominaladverbien en und y haben, wie heute, ihre Stellung fest vor dem Verbum finitum. Ein einziges Mal findet sich, allerdings konjektural, ein Akkusativ nachgestellt:

2087: Quar quant lermes sont (hors) venues
Et de cuer (bien) contrit issues,
Requeil les sans demouree
Et (puis) en fas une buee.

In dem Beispiel:

3305: Nature lors si [se] souffri,
Plus n'en pouoit, *ce pesa li*

ist in li, analog dem entsprechenden ce poise moi, die betonte Form zu erblicken. Vergl. darüber Abt. B.

12. Kommen Dativ und Akkusativ vor dem Verb zusammen, so steht nach altem Gebrauche letzterer stets vor ersterem:

576: Si com Grace dit *le m'avoit*.
1393: Ainsi Moyses sagement
Les te bailla
1612: Point ne me plaist, bien *le vous* dy
2595: Comment Jhesus vous a ame
Et son jouel vous a donne,
Comment aussi *le vous* donna ...
3032: (Tan)tost apres *le te* disoie
3648:   se [li] soustraire
On *la te* vouloit
4526: Ou toutes *les me* faut oster
4760: Et apres toi *les te* portast
8285: La mort pour ce *le me* promist
9305:   que la couronne
(Je) li oste et que *la me* donne
9819: Simon Magus et Giesi
*La m'*aporterent jusques ci
11330: (Quar) a point je *la t'*ai fait leve

---

[1]) Ebering in Gr. Ztschr. V, 351.

12824: Je *le t'*apris en ma maison
13401:   Se *les m'*ostíes.

13. **Wenn Akkusativ und Dativ der 3. Person zusammentreten müssten, wird ersterer gern unterdrückt**[1]):

619: Quar se le prophete ne ment,
Retenu a tout *vengement*,
Pour ce qui tolir *lui* vourra,
A mal chief venir en pourra.
955: Fist porter le *jou* Jhesucrist
Sus une espaulle ou il *leur* mist
1943: Ce que dire ne puet mie
(Le) charpentier a sa *coignie*,
Quar autre maistre faite l'a
Et li sans plus l'usage en a,
Necessite garder *li* fait
3597: Mes des larrons espie fu
Pour l'*escherpe* qui belle fu.
De *li* oster (mont) se penerent
5861: Celle qui le droit vengement,
Quant temps et saison est, en prent.
Se *li* bailles, si *le* batra
7750: Et avec ce encor te di
Que qui *lumiere* a en son sain,
De ce souflet je *li* estain.
11310: Adonc Grace Dieu bas baissa
Une *verge* qu'elle tenoit,
Ne sai ou prise elle l'avoit;
(Point) autres foys ne *li* avoie
Veue[2])
11679: *Iex* ont dont (il) ne voient goute
Quar vanite (qui) *leur* estoupe...
12145: Et puis que [sont] despecīes
(Sont) leur *armes* ou desmaillīes,
(Tu) *leur* reforges

Doch wird er auch gesetzt:

244: Et tout entour l'avironnoit
Grant foison d'estoiles luisans.
Mont fu certes cil bien puissans
Qui *la li* avoit donnee
6779: Celle pension avoir veut
Et baillier *li* il *la* m'esteut.
9329: Or te di que, quant celle vi
Qui le roi honnouroit ainsi,

---

[1]) Darmesteter, IV, 53, [3]. Étienne, 210. Stier, 308. Cf. unten 25.
[2]) Cf. unten 30.

> Je (me) pensai que, se pouoie,
> Du tout la li fortrairoie.
> 9339: Je la li emblai.

14. Andere Kombinationen, als zwischen den Akkusativen der 3. Person und den Dativen der übrigen Personen sind, wie heute, vor dem Verb nicht statthaft[1]).

15. En und y (häufiger i geschrieben) stehen, wie heute, nach dem Pronomen:

> 530: Quar il *m'en* estoit bien mestiers
> 5567: Je *m'i* apuie et *m'en* deffent
> 7270: Et pour ce mis *le m'i* avoit.

16. Kommen beide zusammen, so steht en vor y:

> 2726: Se tex dix tans *en i* avoit
> 3725: Quar fors un seul n'*en i* avoit
> 11309: Pour faire baing pou *en i* a
> 12770: Et quanque avoir *en i* pouoit.

17. Beim affirmativen Imperativ ist zu unterscheiden, ob er eingeleitet ist, oder nicht. Ist er eingeleitet (am häufigsten durch or), so stehen die Pronomina, sowie en und y, vor dem Verb[2]):

> 277:   *o moi t'en vien*
> 559:   *Or les* (en) *oing* sans faire faille
> 609:   *Touz les traictiez* bien doulcement.
> 702:   *Or i entent*
> 2458:   *Or l'escoutez*
> 3761:   *Si me dites*
> 4429:   *Or en use* si com devras
> 4963:   *Va, si en pren*
> 5195:   *Si* com vous voules *les lisies*
> 6476:   *entour toi me quier*
> 6685:   *Par moy t'en vien*
> 6734:   *Or i alon*
> 8698:   *si le me di*
> 10218: Et *de touz poins* a li *te rent*
> 13071: *Si le me dites.*

Ist er uneingeleitet, dann stehen sie nach, wie heute, und es treten zugleich für me und te die betonten Formen moi und toi ein[3]):

---

[1]) Cf. B, 10. Gessner, I, 11.
[2]) Voll, 16.
[3]) Cf. B, 8.

291: *dites le moi*
294: *entens i*
1018: Veez cy Grace Dieu, *prenez la*
1831: *Esleescies vous*
3084: *Porte l'en*
3472: *Gardes les* bien
5189: Tien, voiz ci ma commission!
Li la
5632: *Viens i*
6821: *Croi le*
6823: *Vien t'en* par moy
8178: Bon mireur sui, *mires vous i*
11912: *Gardes vous en*

Trotz Einleitung ist das Pronomen in folgenden Fällen nachgestellt, vielleicht um den mit si ques gleichsam konsekutiv untergeordneten Imperativ als solchen auch formell kenntlich zu erhalten[1]):

3899: Si que tu dois bien supposer
Que, quant le roi se vout armer
De ses armes, que bonnes sont
Et qu'a refuser pas ne font,
Si ques pren les et si t'en vest
8429: Touz jours veulent que on leur die
Chose qui (pas) ne leur ennuie;
Si ques, fille, hardiement
Oing les de cest douz oignement

18. Schliesst sich einem Imperativ koordiniert ein zweiter an, so hat dieser das Pronomen stets vor sich[2]). Der erste hat dann gleichsam einleitende Wirkung für den zweiten:

815: Or gardes bien cest sacrement
Et vous entrames loialment
1473: Enseigniez moi de ce mengier
Et m'en veullies un pou preschier
3823: Or pren la ce que tu vourras
Et t'arme, bien congie en as
4491: Vest les tost *et t'en arme* bien
7081: Fuiez de ci *et me laissies*
Oster ces las
7277: Aidiez moi et [me] secourez
Et de ce peril *me getes*
9694: Passon outre *et nous en alon*

---

[1]) Cf. Tobler, I, 27. Englaender, 52.
[2]) Cf. Mätzner, Synt. II, 302. Mätzner, Frz. Gram. 591. Stier 301 Anm. Brunot, 652, rem. II.

10663: Monstre les moi, dis jë a li,
Et comment sont nommez *me di*
12439: Menez m'i *et le me monstres*

19. Beim prohibitiven Imperativ hat die Stellung vor dem Verb, wie heute, statt:

775: De ma maison *ne vous mesles*
4584: Ja maiz *ne le crees* ainsi
6698: *Ne le crois pas*, ains t'en depart
11128:   *ne te destournes*

20. Wie der Imperativ, wird der ihm sinnverwandte Befehlskonjunktiv behandelt. Insbesondere findet also auch hier die Unterscheidung zwischen eingeleitetem und uneingeleitetem Befehlskonjunktiv statt:

2585: *Or la gart* chascun endroit soi
3707: *Or t'en souviengne*
659: *Souviengne toy*
2151:   *sachies le* bien
1057: Or *ne te prengnë (pas)* envie
4919: Si *ne l'aies pas* en despit

21. Gehört das Pronomen oder Pronominaladverb zu einem von einem andern Verb abhängigen Infinitiv, so tritt es in der Regel vor das regierende Verb statt vor den Infinitiv, wie heute noch bei den Verben des Lassens und der Wahrnehmung[1]):

14:   *vous* vueil *nuncier*
67: Mont *s'en* savoit cil bien *aidier*
206:   a *aler* m'i esmu
431: Et comment *passer la* pourras
597:   *se* veulent *vengier*
621: Pour ce qui *tolir lui* vourra
       A mal chief *venir en* pourra
663: Ce *te* doit mont *amollier*
765: Miex ama li preudons mourir
       Qu'il *la* laissast point *asservir*
927: *Tondre vous* puet vostre berchier
993: Elle quant *se* ouy *apeler*
[1033: *Me* cuides tu tout seul *avoir*
       A amie
1077:   qui *en* veut *user*
1935: Quar se contre le charpentier
       Ne *se* doit coignie *esdrecier*
1969: *Peser* ne *vous en* doit de rien
2489: Quar (pas) *donner* ne *le* pouaient

---

1) Stier, 304. Cf. auch unten B, 5.

2611: Sans moi *adeser* n'*i* devez
3111: Lors *me* peusses tu *arguer*
3648: se [li] *soustraire*
　　　On *la te* Vouloit
3700: Et souvent *i* dois *regarder*
4481: Se jouer ne ses du bouclier
　　　Ou ne *t'en* ses pas bien *garder,*
　　　Elle a *jouer* t'*en* apenra
4526: Ou toutes *les* me faut *oster*
4605: 　　quant tu ne *les* puez
　　　Porter ou *porter* ne *les* veus
4914: 　　aussi *porter*
　　　Avec toi elle(s) *les* vourra
5143: Un advocat eusse loue
　　　Volentiers, se l'eusse trouve,
　　　Quar bien en avoie mestier,
　　　Se *l*'eusse sceu ou *pourchacier*
5846: Es tantost *tuer* (je) *l*'alasse
6779: Celle pension avoir veut
　　　Et *baillier* li il *la* m'esteut
6989: Je *la* te lo tost a *passer*
8751: Que *relever* ne *se* pourra
10873: Vois comment *prier* tu *la* dois
11016: Pour ce' a toi *m*'ai voulu *traire*
12624: Mes le portier qui estoit prez
　　　Ne *m*'oublia pas a *ferir*
13403: *Oster,* dist elle, ne *les* puis

Das Verbum regens wird mit dem Infinitiv, ja sogar mit zwei unter sich wieder abhängigen Infinitiven gleichsam zu einem Begriff verschmolzen empfunden, der das Pronomen an sich zieht[1]):

12303: Que je *me* puisse aler *bouter.*

Wie tief eingewurzelt dieser Sprachgebrauch ist, beweisen folgende Beispiele, wo das Pronomen, obwohl es (in der betonten Form[2]) schon vor dem Infinitiv steht, pleonastisch noch einmal vor dem Verbum finitum wiederholt erscheint (aus metrischen Gründen?):

1869: En disant que *soi esdrecier*
　　　Ne *se* doit
3695: Ou tout le monde *soi mirer*
　　　Se puet

---

[1]) Cf. Mätzner, Synt. II, 301. Mätzner, Frz. Gr. 591.
[2]) Siehe B, 5.

3743: Et pour ce' u bourdon *toi fier*
Te pues bien et assëurer
5951: Facon plus noble *toi donner*
Ne *te* pouoit ne emprimer
6693: Mais en ce point a moi flater
Mon contrait cors et *moi lober*
Me commenca
10017:   *moi destourner*
Me voul

Interessant und ganz besonders beweiskräftig für die zwingende Macht des damals herrschenden Sprachgeistes, ist folgendes Beispiel, wo ein als Reflexiv fungierendes eus[1]) vor dem regierenden Verb durch se wieder aufgenommen wird:

3620: *Eus despecier* et desmembrer
Se faisoient

Sind der abhängigen Infinitive mehrere, so steht der Wiederholung des Pronomens bei den einzelnen nichts im Wege[2]):

1425: Si ne *te dois* pas *esmaier*,
Toi esbahir ne courroucier
1643: Trop *se puet* on souvent *soufrir*,
Trop *taire soi* et trop dormir
1883: En touz temps *me devez mener*
Avec vous et *moi apeler*
2435: A l'estache *le fis lier*
Et *li* d'espines *couronner*
3767:   au bout d'en haut *te dois fier*
Et aus pommiaus *toi apuier*

Die Stellung vor dem Infinitiv statt dem regierenden Verb st überhaupt an sich schon ziemlich häufig:

2612: Se *moi offendre* ne voulez
2851:   *li tourner*
A son vouloir ne paneter
Ne savoit pas
3143:   *li saouler*,
Li remplir et assasier
Tout li mondes pas ne pourroit
4017: Par peur de mort ne daigneroit
Soi destourner ne ne vourroit
4323: Quar *li* ainsi tous jours *porter*
Ne pourroie

---

[1]) Cf. B, 16.
[2]) Cf. unten 24.

4923: Ainz *toi despire* (tu) devroies
4978: que *moi laissier*
Ne vousist pas ne esloingnier
5497: Autrement *moi aconsuiir*
Ne pourriëz
6091: comment *soy maintenir*
Devoit
8792: Ne *moi mouvoir* (je) ne pouoie
11166: *Moi laver* veulliez entendre.

Nicht zu umgehen ist diese Konstruktion natürlich dann, wenn dem Verbum regens zunächst ein objektloser Infinitiv folgt:

8023: *voler*
Ne puet ne soi en l'air *lever*,

oder wenn vor dem Verb zwei Pronomina zusammenkämen, die nicht zusammenstehen dürfen:

4637: Que tes anemis t'assauront
Et *toi tuer s'efforceront*,

oder endlich, wenn zunächst ein Infinitiv mit Nominalobjekt und dann erst ein solcher mit Pronominalobjekt folgt:

* 10446: Ne ne sai trouver ma meson
Ne *moi aler couchier* en lit.

In letzterem Beispiel zeigt die Stellung von **moi** vor **aler** statt **couchier** den als Regel giltigen Sprachgebrauch sogar in der Abhängigkeit wirksam. Denn aufgelöst würde es heissen: **je me vais couchier**, daher hier: **moi aler couchier**[1]).

Beachtenswert sind folgende Fälle:

2727: Si vous pri que *moi enseignier*
En veulliez
4686: point *toi repenre*
N'en veul,

in denen wohl das Pronomen, nicht aber das Pronominaladverb vor den Infinitiv gezogen erscheint. Es ist daraus deutlich ersichtlich, dass das Pronominaladverb, für das der Unterschied zwischen betonten und unbetonten Formen ja nicht existiert, den Satzwert eines unbetonten Pronomens festzuhalten bestrebt ist, sonst würde es sich nicht seine Position vor dem Verbum finitum bewahren, während das Pronomen in der betonten Form vor den Infinitiv rückt[2]).

---

[1]) Cf. oben Seite 37 und Mätzner a. a. O.
[2]) Cf. unten B, 6.

Eigentümlich ist die Trennung der Pronomina in folgendem Beispiel:

    3652: Que *la souffrisses toi tolir.*

Es ist angebracht, den Passus, innerhalb dessen dieser bemerkenswerte Vers begegnet, vollständig herzusetzen, einmal, weil wenige Zeilen vorher derselbe Akkusativ mit dem Dativ vereinigt vor dem Verbum finitum erscheint, und dann, weil aus dem Zusammenhang zu ersehen sein dürfte, dass nicht etwa metrische, also rein äusserliche Gründe, sondern nur Gründe des Nachdrucks und Wohllauts die auffallende Trennung veranlasst haben werden:

    3639: Les saignīes (si) sont passees,
          Du tout en tout (et) tresalees,
          Mes pour ce ne valent pas pis
          Les goutes du sanc enviellis.
          De la biaute ja ne te chaut,
          Quan[t] tu as chose qui le vaut,
          Si ques l'escherpe (ains) goutee
          De sanc et si esbouciee
          Je te baille en exemplaire
          A fin (le dy) que se [li] *soustraire*
          On *la te vouloit* ou oster,
          Avant ocirre ou decouper
          Te laissaisses et mort souffrir
          Que *la souffrisses toi tolir.*

22. Dasselbe Sprachgefühl, das einen Infinitiv mit seinem regierenden Verb als ein begriffliches Ganzes ansieht, und demgemäss das zum Infinitiv gehörige Pronomen vor das Verbum finitum zieht, zeigt sich lebendig bei der Verbindung eines Partizips des Praesens (Gerunds) mit einem Verb. Auch da tritt das Pronomen, das zum Partizip gehört, nicht zu diesem, sondern zum Verbum finitum[1]).

    1792: Quant ainsi *m'alez arguant*
    4944: Et elle *me* venra *suiant*
    5335: Ne cuidiez pas qüe autrement
          Le me faciez ja *entendant*
    5518: Que *m'ales vous* si *flagolant?*

---

[1]) Étienne, 391, § 523. Becker, 51. Chassang, 300. Glauning in Herrig's Arch., 49, 430. Haase in Ztschr. f. nfrz. Spr. u. Lit., IV, 140. Jensen, 26. Jung, 11. Krüger, 21. Le Coultre, 57. List, 37. Morf, in Boehmer's Roman. Stud., III, 280. Orlopp, 76. Procop, 139. Schüth, 22. Völcker, 55.

5831: Et touz ses bons *li* vas *querant*
7054: Pour ce que *me* venoit *suiant*
7074: Que *me* venez vous ci *suiant?*
7175: Ausi ie *me* vois *defriant*
7279: Ainsi com (je) me complaignoie
　　　Et qu'en *plaignant* (jus) *me* gesoie
8564: Que point *me* voises *agroucant*
8772: Quar tant com sa suer me mordoit
　　　Et *m'*aloit les costez *rungant*
10343: Fi! fi! dis je, vielle puant,
　　　Me *me* va plus de ce *parlant!*
11951: *Abaiant le* vqnt dens de chien
12272: 　　　　tous jours *martelant*
　　　Me venoit la forgerresse

In den Beispielen 7279 und 11951 könnte wohl auch Enklisis des Pronomens zum Gerund resp. Partizip vorliegen, doch spricht dagegen sowohl die aus den übrigen Beispielen unzweideutig ersichtliche Tendenz des Sprachgeistes[1]), als auch die Thatsache, dass das Partizip das Pronomen in der betonten Form vor sich zu nehmen pflegt[2]).

23. Mehrere dem Verb folgende Objekte, von denen eines oder mehrere persönliche Pronomina sind, brauchen nicht, wie heute in der Regel, durch das entsprechende Personale vor dem Verb zusammengefasst zu werden:

8523: Pour ce que Envie, ma mere,
　　　Onq(ues) *n'ama toi ne ton pere*
11073: Quant pourpense aprez me sui
　　　Qu'*ai offendu et toi et lui.*

Stehen die Objekte vor dem Verb, dann ist eine Zusammenfassung ohnehin unnötig (und unmöglich):

2993: Bien te dëusses aviser,
　　　Se vousisses et apenser
　　　Que · II · escolles tins jadis
　　　Es quieux *toi et Nature apris*
4477: Pour ce la te lo a porter
　　　Pour toi et tes armes garder.

Ähnlich in:
1706: *Moi* maistresse *et vous* chamb(e)riere
　　　Trouverez.

---

[1]) Tobler, II, 88: Enklisis zum Participium praesentis ist möglich . . ., scheint aber selten vorzukommen.
[2]) Cf. B, 7.

Wie die Beispiele zeigen, erscheint in solchen Fällen das Pronominalobjekt immer in der betonten Form, analog der nämlichen Erscheinung bei mehreren koordinierten Subjekten[1]).

24. Das mehreren Verben gemeinsame Personalobjekt pflegt vor jedem Verb wiederholt zu werden[2]):

  483: La *me* lava, la *me* baigna
    Et par trois foiz ens *me* plunga
 1555:   bien m'*en* tairoye
    Ne (ja) de rien n'*en* parleroye
 1684: Qui ainsi de forfaiture
    Me reprenez et *me* blasmez
    Et de bonnage *me* arguez
 2327: Ainsi sous verge je *le* tien
    Et *le* punis et *le* bat bien
 3457: Qui *la* fist et *la* compassa
    Et qui au bourdon *l'*applica
 3783: Cil qui *le* tient et (qui) *le* porte
 4287: De ceste espee *le* feri
    Si cruelment et *le* puni
 10582:   pour ice
    La he je plus et *la* parsui.

Auch gemeinsames Nominalobjekt findet sich, wenn zu dem ersten Verb gesetzt, beim zweiten durch das entsprechende Personale wiederholt:

  742:    qui *la maison*
    Grace Dieu veulent essillier
    Et de ses biens *li* despoullier
 1747: (Que) *le soleil* du ciel ostasse
    Et (que) si bien je *le* mucasse
 1785: Et quant le pot veut *son potier*
    Arguer et *li* laidoier
 3531: *Les quiex* (tu) dois fermement croire
    Et avoir *les* en (ta) memoire
 4701: David a bon droit jus metoit
    Les armes et *les* desvestoit
 5169:   ou quellis
    Ton grant baston et *le* prēis?

Findet Häufung der Verba statt, so wird das Pronomen nicht immer vor jedem einzelnen wiederholt:

  2171:   que *le* fiere *et estonne*
    Et (que) *le* tuē et (que l')assomme

---

[1]) Cf. oben 5., und B, 3.
[2]) Cf. oben 21.

5771: Tu *le* pignes et *le* blondis
Et aplanies et polis
8271: Autri prosperite *m'*ocist
Et amaigrie et *me* palist
10779:   je *le te* tent
Et (je) *le te* restablis *et rent*

Die Wiederholung kann überhaupt ganz unterbleiben:

727: Ce fu quant tu *le dedias,*
   Benris et saintefias
789: Que de rien ne *les empeschast*
   Ne oppreinsist ne ne grevast
807: Et il *les prist et joinst* ensemble
2564: Quant *les crie, fourme et fis*
4801: Touz aussi miex *m'en prisassent*
   Et doutassent et amassent
5701: Si *vous suppli, pri et requier*

und:

4345: De la *le fourrel despendi*
   Et aporta.

25. Das Pronominalobjekt der 3. Person kann ausfallen, wenn es aus dem Zusammenhange leicht zu ergänzen ist[1]).

787: En li disant que Dieu servir
   Laissat *ta gent sans asservir*
4931: Et pour ce aviseement
   Amenee et a escient
   La t'oi a fin que, quant (elle) ara
   Les armes et les portera,
   Que a porter aussi l'essaies
7281: La vielle mist jus son fardel
   Et vout, dont pas ne me fu bel,
   La corde au bourrel desploier
   Pour moi entour le col *lacier.*

26. Mit Vorliebe wird das neutrale le zusammenfassend in komparativen Nebensätzen mit comme gesetzt:

257: Mais assez tost je m'avisai,
   Si com *l'*apris et bien *le* sai
414: Et si estoit le lieu parfont
   Si comme apres je *l'*aperceu
3513: L'un (le) creoit en une guise
   (Et) l'autre en l'autre a sa devise,
   Si com(me) bien tu *le* saroies.
4875: D'autre partie (je) cuidoie,
   (Si) com de vous apris *l'*avoie

---

[1]) Cf. oben 13.

4919: Si ne l'aies pas en despit,
Si com par devant tu l'as dit
5069: Autres merveilles que vi puis,
Si com je *le* vous ai promis,
Vous veul nuncier
5411: La est il a touz deffendu,
Si com je l'ai bien entendu
6543: Pou le prisay, mais fol en fu
Si com puis bien je l'apercu
7331: Ainsi le fist comme *le* dist
9333: Ainsi le fiz com *le* pensai

Doch kann es ebenso gut fehlen:

369: Puis s'en volent, *si com je vueil*
434: Quar, *si comme tu dois savoir*,
Plus passe ci d'enfans petis
747: Mes de ce, *si com say de voir*,
Ne fais tu pas bien ton devoir
5388: Quar rudes, *si com chascun voit*,
Estes mont
7769: Grosse en devieng *si com tu vois*
8151: Je la porte, je la soustien
Si com tu vois et la maintien
11197: Grace, *si con vous ai conte*,
Le me tendoit de sa bonte.

Eine ähnliche Funktion versieht es, eigentlich anakoluthisch:

2205: En l'escripture j'ai vëu
En pluseurs liex et l'ai lëu
De plusieurs portes pluseurs nons.

Nicht neutral ist le in folgendem Beispiel zu fassen, sondern es liegt hier eine dem lateinischen Akkusativ mit Infinitiv analoge Konstruktion vor [1]):

11013: La douceur de toi pourtraire
Je ne puis, a cui retraire
Doit ton fil de ton sanc estrait.
Pour ce' a toi m'ai voulu traire,
A fin que contre moi traire
Ne *le* sueuffre[s] nul cruel trait.

27. Abundierend kann neutrales le auf Folgendes hinweisen [2]):

---

[1]) Mätzner, Fr. Gr. 445.
[2]) Darmesteter, IV, 54.

2931: Ja pour vous ne *le* lesserai
Que n'en die ce que j'en sai
3541: D'autre partie Saint Pol dit
Et aus Roumains il *l'a* escrit
Que d'ouir tel cloquetement
A on la foi parfaitement.

28. Prädikativ weist es auf ein vorausgegangenes gemeinsames Prädikat zurück, gleichviel, welchen Geschlechtes dieses oder das dazu gehörige Subjekt ist[1]):

9301: Je suis *la fille Besachis*,
Apemen, de les qui s'est mis
Le roi qui rit, quant je li ri
Et dolent est, quant je *le* sui
9543: »Comment, dis (je), es tu bourelle?« —
»Ouil voir« respondi *elle*. —
»Peresce, dis je, si m'a dit
»Qu'*elle l'est*.« Adonc me dist:
»*Elle l'est*, certes, voirement,
»Mes c'est de l'ame seulement;
»Mes de l'ame et du cors *le* sui.«
12301: Fai moi de toi · I · esconsal,
Un abri et un repostal
Ou je me puisse aler bouter
Pour ta favresse et abrier,
Et se de toi nel veus faire,
Douz Diex, te veulle au mains plaire
Qu'encor *ta Grace le me soit*
Aussi comme *estre le souloit*.

29. Auf ein in allgemeinem Sinne zu nehmendes Substantiv (ein Substantiv ohne Artikel) kann, entgegen dem heutigen Sprachgebrauche, mit dem Personale der 3. Person zurückgewiesen werden[2]):

5847: O, dist Raison, *congie* n'as pas
De li tuer, mes bien *tu l'as*
De li chastier
12995: Tout tient a bonne *voulente*.
Le bonne *l'as*, je le sare.

30. Der Dativ des unbetonten Personales hat die Fähigkeit, eine präpositionale Fügung mit dem betonten zu vertreten, nicht nur als Dat. commodi oder incommodi:

---
[1]) Brunot, 390. Darmesteter, IV, 54. Stier, 314.
[2]) Chassang, 245, § 545. Darmesteter, IV, 53. Haase, Frz. Synt. d. 17. Jh., 5. Voll, 28.

4853: Or, dist elle, *je t'ai trouve*
Ceste meschine
4979: En suppliant qu'a mes besoings
Ne me vousist pas estre loings
12192: que fieres sans menacier
Tous ceus que monter i verras,
Et *quanque tu leur trouveras*
Plus en fais qu'a Job ne feis
12330: Et ja (mais) aise ne seroie,
Devant *que trouve leur eusse*
Destour ou mucier les peusse,

sondern auch bei Verben der Wahrnehmung zum Ausdrucke des Objektes, an dem etwas wahrgenommen wird:

636: Or m'entent encor un petit!
Bien *te connois ce que dit as*,
Mes tout encor apris n'as pas.
8155: Or me dites, dis je, de quoi
Sert *ce mireur que je vous voi!*
11310: Adonc Grace Dieu bas baissa
Une verge qu'elle tenoit,
Ne sai ou prise elle l'avoit;
(Point) autres foys *ne li*[1]*) avoie*
Veue.

Bei Verben der Wahrnehmung ist dieser Dativ ja heute noch üblich[2]).

B. Betontes Pronomen.

1. Für die 3. Person sing. fem. ist noch durchweg die alte Form li (ly) in Gebrauch:

742: Encontre ceus qui la maison
Grace Dieu veulent essillier
Et de ses biens *li* despoullier
1067: Grace (de) Dieu qui est venue
Huy pour vous et descendue.
Considerez quiex dons par *ly*
Vous a Moyes departy
1517: Quar vers Grace Dieu s'en ala
Et a *li* rudement parla
4293: Ceste espee tu porteras
Et par *li* tu te deffendras

---

[1]) Cf. oben 13.
[2]) Stier, 317.

7906: Sans plus Eve i ert alee
Et aprez *li* il i ala
9021: Elle me decut, quant la cru;
Par *li* suis chetif devenu.

2. Wie schon in Abt. A angedeutet wurde, beginnt das betonte Pronomen die Herrschaft des unbetonten im absoluten Nominativ schon nachhaltig zu erschüttern. Und zwar erscheint es bezeichnenderweise nahezu ausschliesslich in den Fällen, wo es mit anderen Subjekten dasselbe Prädikat gemeinsam hat, ob die Subjekte nun mit et, et—et, ne, ni—ni einander gleichwertig beigeordnet sind [1]), oder ob sie mit o u—o u, a u s s i—com, plus—que, non pas—mais gegen einander abgewogen werden. Die anderen Fälle, wo ein betontes Pronomen direkt (ohne Vergleichung irgend welcher Art mit einem zweiten) Subjekt zum Prädikate ist, sind noch selten:

moi:
6663: Grace Dieu, dist il, non pas *moy*,
Que pas ne vois, si parle a toy
8328: Plus aise elles puent parler
Qui vont a cheval sur mon dos
Que *moi* . . .

toi:
5615: *Toi* meïsme qui proprement
As a non Rude Entendement,
S'a li si (fort) ne t'apuiasses,
Me creusses et t'amendasses.
8501: De dueil et (de) courous mourroie,
S'aussi com *toi* nel grevoie
9551: Qui pendi le cors de Judas,
Ou *toi* ou li

li (masc.):
1943: Ce que dire ne puet mie
(Le) charpentier a sa coignie,
Quar autre maistre faite l'a
Et *li* sans plus l'usage en a.
4557: Souspris sui comme fu David
. . . .
(Et) pour ce' aussi com *li* vueil faire
6813: Quar quant il parle de percier
La baye pour toy radrecier,
. . . .

---

[1]) Cf. oben A, 5.

li (fem.):
>... s'aucune paine y a,
> *Li* tout seul, non pas toi, l'ara.
> 6201: Elle sacha et je boutai
> Tant fiz, tant fist et *li* et moy [1]).

eus:
> 2701: Non pas un seul, mais *eus* trestous
> En furent remplis
> 5326: Quar leur nons et *eus* sont tout un.

3. Auch als Objekt wird das betonte Pronomen in direkte Beziehung zum Verbum finitum gesetzt, in Fällen, wo heute ausschliesslich die unbetonte Form statthaft wäre, oder wo zur Erzielung eines Nachdruckes) beide Formen stehen müssten:

> 1859: (Et) *moi* baiesse avez tenue
> 4370: Et *soi* pecheur reconnossoit
> 4484: N'autre maistre ne *li*[2]) faura
> 6397:   se *li* eusses requis
> 7239: A fin que, se truis aucun fol,
> Hart je l'en face entour le col
> Que *li* trahine et *li* maine
> 8763: *Moi* aussi de rien n'espargna
> 9902: Je *li* priai

Formelhaft ist, mit Stellung nach dem Verb[3]):

> 4547: Tendres les ai, *ce poise moi*
> 7570: Je ne sai rien, *ce poise moi*,

und analog:

> 3305: Nature lors si [se] souffri,
> Plus n'en pouoit, *ce pesa li*.

Ohne dass auf dem Pronomen ein besonderer Nachdruck läge, geht der mit dem Verb verbundenen unbetonten Form die betonte voraus:

> 6163: Que *moy* de ma nef m'ostissiez.

Umgekehrt muss die unbetonte Form allein den Nachdruck tragen:

> 1889: Vostre pouer vous leur donnez
> Et pour euls donner *me* tolez
> 2927: Mont li desplaist qu'ainsi quasses
> Ses ordenances et mues,
> Et *aussi* ne *me* plest (il) mie
> 9417: Il semble que le bloc (je) garde,
> Mes il assez (mont) miex *me* garde.

---

[1]) Cf. oben A, 5.
[2]) Cf. S. 21.
[3]) Ebering in Gr. Ztschr., V, 325.

Dem heutigen Sprachgebrauche entsprechen die Fälle:

1722: Quar il vous bonne non pas *moy*
5877: Mon cors et ma char appelez
Autre que *moi* . . .

Mit ihnen auf dieselbe Stufe zu stellen (analog der gleichen Erscheinung beim absoluten Nominativ[1]) sind die Fälle, wo Abhängigkeit mehrerer Personalobjekte von einem Verb besteht, wo dann auch die betonten Formen einzutreten haben[2]).

4. Die, wie heute, ausnahmslose Verwendung der betonten Formen in Verbindung mit Präpositionen bedarf keines Beleges durch Beispiele.

5. In der überwiegenden Mehrzahl der Fälle Regel ist der Gebrauch des betonten Pronomens vor dem Infinitiv, dem reinen sowohl, wie dem präpositionalen[3]):

365: Quar les uns fais hors devestir
   Pour eus dedans mieus *revestir*
450: *De toi laver* bien mestier as
463: Celui t'aidera a passer
   A toi baignier, a toi laver
1466: Vers Raison me sui retourne
   Pour li prier
1637: virge enfanter
   La feistes *sans moy apeler*
2301: Adonc *pour li* bien *chastier*
   De mes cinglans verges le fier
2731: Je te tieng *pour toi enseignier*
2783: A l'ouir te faut apuier,
   Croire du tout et *toi fier*
3343: Preste sui *de toi* bien *tenir*
   Tes convenances
3695: Ou tout le monde *soi mirer*
   Se puet
4236: Et *sans li blecier* s'en issi
4839: Un baing te faut *pour toi baignier*
4925: Quar ce que tu ne puez porter,
   Bien portera *sanz soi grever*
5847: O, dist Raison, congie n'as pas
   De li tuer, mes bien tu l'as
   De li chastier
6272: Et puis *a toi armer* enten!

---

[1]) Cf. oben 2.
[2]) Cf. oben A. 23.
[3]) Gessner, I, 6. Étienne, 197. Tobler, I, 33, 89. II, 86.

6847: Miex aime mes gans enformer
Et *moi pignier* et *moi graver,*
Moy regarder en un mirour
Que je ne fais autre labour
7226: Pour ce que plus m'efforcerai
De toi dedens li *encorder*
8317: *Pour moi faire* venin getter
Par les iex pour envenimer
Mes voisins
8782: Adonc se prist *moi a hurter,*
A moi batre et *a moi ferir*
9397: Siz mains ai *pour eus grapeler*
En siz maniers et glenner,
Pour eus en mon sac *ensachier,*
Pour moi apeser et charchier
12405: Toutevoies se *toi tenir*
Tu veus
13446: Et puis ton cors en son cofin
Elle metra *pour li baillier*
Aus vers puans *pour li mengier.*

Aus einzelnen der zitierten Beispiele ist ersichtlich, dass das Pronomen von seinem Infinitiv durch eingeschobene Satzbestandteile getrennt sein kann, dass es ihm also nicht unmittelbar vorauszugehen braucht. Es kann sogar, statt zwischen Präposition und Infinitiv zu treten, der Präposition vorausgehen (Beisp. 8782).

Schon wird aber der Forderung des Sprachgeistes, das direkt vom Infinitiv abhängig gemachte Pronomen in der betonten Form vorausgehen zu lassen, nicht mehr so streng Rechnung getragen. Nicht nur, dass die betonte Form dem Infinitiv auch nachstehen kann:

1643: Trop se puet on souvent soufrir
Trop *taire soi* et trop dormir
4958: *Pour armer toi,* quant temps sera
5937: Miex vaut assez *connoistre soy*
Qu'estre empereur, conte ne roy
6779: Celle pension avoir veut
Et *baillier li* il la m'esteut
7129: Pour ce ving ainsi *lier toi*
11862: Quant *de porter moi* vous parlez
12007: Trop a tart vient *a armer soi*
Qui ja est entre ou tournoi,

beginnt sie überhaupt schon vielfach durch die unbetonten

Formen verdrängt zu werden. Diese selbst können wieder entweder vorausgehen[1]):

> 694: Et *pour le faire* outre passer
> 3619: Puis *pour la deffendre* et garder
> 4917: Aussi est fort *de les porter*
>   Com puissant est *de les garder*
> 9749: Elle me maine aus grans chemins
>   Ou trespassans ou pelerins
>   Ou grans seigneurs doivent passer
>   *Pour leur* aumosne *demander*
> 12984: Pour quoi ci endroit amene
>   M'a Grace Dieu pour abrigier
>   Ma voie et *pour la acourcier*,

oder, was noch viel häufiger ist, enklitisch folgen[2]):

> 577: A eus commenca a parler
>   Et *a dire leur* sans flater
> 644: *De poindre les* bon congie as
> 2798: *De nommer le*[3]) en tel langage
> 3329: Et pour ce mon congie tu as
>   *De penre le*[3])
> 3408: Et *mener les* en paradis
> 3531: Les quiex (tu) dois fermement croire
>   Et *avoir les* en (ta) memoire
> 3993: Toutevoies m'esforcerai
>   *A porter le*[4]) tant com pourrai
> 4487: Bien fust temps, se tu vousisses,
>   Qu'*a vestir les* tu les preisses
> 4597: Mes je vous di que je ne puis
>   *Apenre les*
> 6853: Pour menconges enmanteler
>   Et *faire les* voir ressembler
> 6867: *Pour houer les* et coutiver
>   Et *arer les* sans rien semer
> 8409: Triphon ausi et autres mains
>   *D'avoir les* ne se sont pas fains
> 9438: Dont souvent s'en va desrober
>   Es boscages les pelerins
>   Et *tuer les*
> 10707: Pour quoi onques bourdon prëis
>   *Pour perdre le* en c'est païs?

---

[1]) Tobler, II, 86.
[2]) Tobler, II, 83.
[3]) Beziehungswort ist pain.
[4]) Beziehungswort ist gambeson.

11272: *Pour faire le*[1]) mol
13318: *Pour traire les*
13354: *Pour monstrer la*
13444: Ta vie fauchier ell'entent
Et *metre la* tout a declin.

Am auffallendsten sind die Beispiele, wo das Pronomen enklitisch dem Infinitiv folgt, obwohl ein Verbum regens vorhanden ist, dem es proklitisch vorausgehen könnte[2]). Wo indessen das Pronomen unmittelbar zwischen Infinitiv und Verbum finitum steht, ist doch wohl eher Proklisis zu diesem, als Enklisis zu jenem anzunehmen:

218: Et qu'avoir *les me convenoit*
715: Et la verge baillier *le fist*
5209: Quant ici lire *les orra*
6265: Vestir *les doiz*
7195: Vendre *les pourroit* on a pois
9961: Et en tel point venir *les fais*
Devant l'image
10101: A li connoistre *me puet* on
10891: Savoir *le pourrez* de legier
Pour dire le, s'il est mestier
12332: Destour ou mucier *les peusse*
13382: quant en prison
Est aucun, visiter *le vois*
13432: Deus mos quë a dire *li ai.*

Kein Zweifel besteht in folgendem Beispiel, wo der Infinitiv am Ende des einen, das Pronomen mit dem Verbum finitum am Anfang des anderen Verses steht:

12877: mercier
Les en doit et regracier.

Die oben gegebenen Beispiele von Enklisis des unbetonten Pronomens hinter dem Infinitiv stammen durchgehends aus dem Bestande der 3. Person. Andere Formen finden sich gelegentlich nur in Verbindung mit en und y enklitisch nachgestellt:

55: *pour passer m'en* briefment
3702: *aherdre t'i* aus poins
4991: Pour ce a *aler m'en* j'entent.

6. En und y haben überhaupt auch für sich allein die

---

[1]) Beziehungswort ist cuer.
[2]) Cf. oben A, 21.

Tendenz gegebenen Falles, d. h. wo sie nicht vor das Verbum regens treten, dem Infinitiv nachzustehen[1]):

> 1036: Et le profit est trop greigneur
> De une fontaine commune,
> Ou puet chascun et chascune
> Puisier eauë a son talent
> Et *avoir en* son aisement
> 1241: Tout devez peser sagement
> Et *jugier en* discretement
> 2676: Sans riens *avoir i* a mengier
> 2894: Pour *donner ent*²) (a) touz pasture
> 3700: Et souvent i dois regarder
> Toi *apuier i*
> 4479: *Pour jouer en*
> 5648: *Pour respondre i*
> 6981: Elle la planta autressi
> *Pour* verges et balays *prendre i*
> 10982: *Avoir en* a mon usage
> 11543: Je porte ce fagot ici
> Tout prest et *pour* le feu *metre i*
> 12546: *Pour garder y* et ame et cors.

Interessant und von geradezu zwingender Beweiskraft ist in der Hinsicht das folgende Beispiel, wo neben dem Wechsel der Stellung des Pronomens (das einmal betont voraus, das zweite Mal enklitisch nachsteht) die Stellung des Pronominaladverbes beide Male fest hinter dem Infinitiv erscheint:

> 3699: En ce pommel te dois mirer
> Et souvent i dois regarder,
> *Toi apuier i* de touz poins
> Es fort *aherdre t'i* aus poins.

Trotz der also notorischen Tendenz des Pronominaladverbs, in Verbindung mit dem Infinitiv diesem zu folgen, ist, wie beim Pronomen, in den Fällen, wo es zwischen Infinitiv und Verbum finitum steht, Proklisis zu letzterem anzunehmen:

> 12193: Tous ceus que monter *i verras*
> 12476: S'avec(ques) moi entrer *i oses*
> 12770: Et quanque avoir *en i pouoit*.

Das Pronominaladverb, als gleichwertig mit dem unbetonten Pronomen[3]), weicht eben thunlichst dem Satzton aus, den es nach damaligem Sprachgefühl vor dem Infinitiv zu tragen

---

[1]) Cf. oben A, 21.
²) S. unten D, 1.
[3]) Cf. oben A, 21.

hätte. Erscheint es daher dennoch ab und zu vor dem Infinitiv, so gibt es den Satzton entweder ab an ein betontes Pronomen:

    3297: Miex vaut assez *moi en aler*
    4552: *Pour moi en delivrer* briefment
    7133:   de la passer
         Vouloies et *toi en aler*[1]),

oder es treten andere zum Infinitiv gehörige Satzbestimmungen zwischen es und diesen:

    1714: Et *pour y loialment ouvrer*
    6983: *Pour i ses mailles enmanchier.*

In dem Beispiel:

    1141: A l'esperit pour divers cas
    . . . .
    Tourner pouez l'autre taillant
    Sans rien i aler esparnant

kann Anlehnung an rien angenommen werden, während in:

    12562: *A i entrer* tansost m'esmu

freilich jegliche Stütze fehlt.

7. Noch ziemlich unerschüttert behauptet das betonte Pronomen seine Stellung vor dem Partizip resp. Gerund[2]):

    251: *En moi* doucement *demandant*
    1031: Puis m'apela *en moi disant*
    1275: *En li priant*
    3075: Quar (en) *moi faisant* vilanie
         M'argues de sophist(e)rie
    4386: Ainciez l'espee muceras
         U fourrel *en toi abessant*
    4515: Quant arme ainsi je me vi
         Et que les armes je senti
         Sur moi greveuses et pesans
         Et *moi*, ce me sembloit, *pressans*
    4952: *En moi* tex paroles *disant*
    5235: (En) *eus abusant* de frivoles
         Et (de) mencongables paroles
    6155: Et pour ce te dois tu pener
         Du cors si a point gouverner,
         Qu'*en li menant*, a sëur port
         Te puist mener aprez la mort
    6968: *En moi faisant* de ca venir

---

[1]) Es würde den Satzwert, den jetzt das Pronomen auf sich vereinigt, allein zu tragen haben, wenn die Zusammenziehungen m'en, t'en nicht umgangen wären.

[2]) Gessner, I, 7. Étienne, 197. Tobler, I, 33, 89. II, 66.

> 7339: Ainsi qu'ainsi m'en aloie
> (En) *moi esloingnant* de la haie
> 8509: M'arresna *en moi abaiant*
> 8862: *En eulz troublant* tout leur avis
> 9253: Il dist *en soi esmerveillant*
> Et *en soi* griefment *complaignant*
> 11176: Quar *en toi priant* se lasse.

Hierher gehört auch das an die lateinische absolute Partizipialkonstruktion erinnernde:

> 1011: Cellui bailla il *moy present*
> A ceuz et leur en fist present,

wo im Sinne des lateinischen me praesente ein Partizip estant wirksam zu denken ist.

Nachgestellt erscheint das Pronomen:

> 8112: Qui de saluer m'entremet
> Les grans seigneurs *en ostant eus*
> Les plumes que n'ont pas sur eus.

Die einzigen sicheren Beispiele für unbetontes Pronomen vor dem Gerund (Beispiele, wie 1813: en vous aidant geben keinen Anhalt) sind:

> 834: *En leur disant*
> 1433: *En leur appregnant* son savoir
> Et *en leur donnant* son pouoir.

Tobler's Vermutung, dass dieser Gebrauch etwas später auftrete, als der entsprechende beim Infinitiv[1]), scheint also durchaus begründet zu sein.

8. Beim uneingeleiteten affirmativen Imperativ und Befehlskonjunktiv zieht das zuletzt stehende Pronomen den Ton auf sich, und für me und te erscheinen daher, wie heute, moi und toi[2]):

> 291: dites le moi
> 659: *Souviengne toy*
> 776: *Laissiez la moi*
> 1063: entendez moy
> 3353: *Faites moi* tost ce la avoir
> 4365: *Souviengne toi* du publien
> 4582: *Di le moi*
> 4965: garde toi
> 5887: Mes *di moy*
> 6679: *Apelle moi*

---

[1]) Tobler, II, 87.
[2]) Cf. oben A, 17.

7277: *Aidiez moi*
8504: *avance toi*
10458: *fui toi*
10663: *Monstre les moi.*

Für le, la und les tritt die betonte Form nicht ein. Auffallende Ausnahmen von der Regel bieten die Beispiele:

7254: *Laissiez m'aler*
7416: Attent moi la!
Mal i venis, rent toi tantost
Ou a un coup *voiz te* la mort!
12565: Portier, dis je, *laisse m'aler!*

In dem zweiten Beispiel ist die betonte Form vielleicht wegen des unschönen Gleichklanges voiz toi vermieden. Das erste und dritte Beispiel dagegen sind nur aus Rücksichten auf das Metrum zu erklären, die den Dichter nicht davor zurückscheuen liessen, das Pronomen durch Apostrophierung aufs engste einem Infinitiv zu verbinden, der sozuzagen kein Anrecht darauf hat. Denn me ist vom Imperativ, nicht vom Infinitiv abhängig. Und selbst wenn es von letzterem abhängig wäre, wäre die unbetonte Form nur die Ausnahme von der Regel, die moi erforderte.

In dem Beispiel:

12439: *Menez m'i*

bedeutet das Auftreten des unbetonten Pronomens nichts Ungewöhnliches, da ja moi nur als Endwort der Phrase zu stehen hätte, i aber das Pronomen vor sich verlangt und mit me dann naturgemäss zu m'i verschmilzt. Heute weicht man ja den Verbindungen m'y, t'y, l'y beim affirmativen Imperativ aus, und lässt, um sie zu umgehen, ausnahmsweise das Pronominaladverb vorausgehen: menez-y-moi, oder gebraucht andere Wendungen: menez-le là[1]).

9. Wie schon aus einzelnen der bisher zitierten Beispiele mit dem betonten Pronomen zu ersehen war, kann dieses ohne beigefügtes à im Sinne eines Dativs stehen[2]):

1574: pour *eus* taillier
Autres robes
3652: Que la souffrisses *toi* tolir

---

[1] Stier, 303, Anm. 2.
[2] Ebering in Gr. Ztschr. V, 325. Gessner, I, 11.

4484: N'autre maistre ne *ti*¹) faura
4547:   ce poise *moi*
5446: Dë *euz* livrer habundanment
       Tout quanque leur seroit mestier
6416: Pour *toy* livrer empeschement
6695:   en *moi* disant
7141: Pour *eus* (re)clorre la paupiere
7281': La vielle mist jus son fardel
       Et vout, dont pas ne me fu bel,
       La corde au bourrel desploier
       Pour *moi* entour le col lacier
13056:   La Mort a toi
       Nous envoie pour *toi* nuncier.

10. Umgekehrt wird das Dativverhältnis bei einer Reihe von Verben und Verbindungen nicht selten durch das betonte Pronomen mit à ausgedrückt, wo heute einfach der Dativ des unbetonten steht ²).

295: Point ne vueil *estre douteuse*
     A *toi* ne souspeconneuse
577: A *eus* commenca a *parler*
704: S'*entendre* veus un peu *a moi*
806: Chascuns *a li* sa main *tendi*
1302: Raison qui' [ainsi] *a moy parla*
1841: Miex vaut que *a vous obeisse*
1955: A *moi comparer* ne doit on
      Nul charpentier
1992: Par tout *a vous obeir* doi
3276:   respondre a *toi*
5205: Vien avant, cless, *dist* elle *a moi*
6742: Une grant courtoisie *a moy*
      Feriez
9149: Et s'ainsic est qu'*a li servir*
      Doie...

Dieser Gebrauch ist, wie heute, geboten, wenn einer nicht statthaften Konstellation unbetonter Pronomina vor dem Verb aus dem Wege zu gehen ist³).

6000: Ou se *a li* tu *te* rendroies
6285: Quë *a li m'*assentiroie
10218: Et de touz poins *a li te* rent
10831: Quë il *a toi me* redonnast
11510: Rent *toi a moi!*

---

¹) Cf. S. 21.
²) Ebering in Gr. Ztschr. V, 325. Gessner, I, 11.
³) Cf. A, 14.

Er deckt sich mit dem heutigen auf grund der in Betracht kommenden Verben, die noch immer die Konstruktion mit à verlangen:

386: De ce qu'*a moi* premierement
Estes venue
700: A toy fairë *appartendroit*
1519: Dame, dist elle, *a vous je vien*
1743: Que du ciel le gouvernement
A moi apertient
1775: (Et) pour ce ne seroit il mie
Qu'*a moy* ne *fust* (la) seigneurie
De tout muer
5091: Honte et confusion *a moi*
Est, quant plus fort de moi la voi
5354: La deshonneur si *est a vous*
5601: *a li venissent*
Les Juis . . .

Die Vorliebe für diese aufgelöste Dativkonstruktion schliesst die Anwendung der einfachen nicht aus. Beide können in demselben Satze unmittelbar nebeneinander vorkommen:

577: *A eus* commenca a *parler*
Et a *dire leur* sans flater
2502: Que ce biau jouel ai *donne*
A eus et encor *leur donne*
4611: Mes quant d(es)'armes *me parlastes*
6949: Grant voloir piec'a avoie
De *vous parler* de la voie
8700: Quant *parla a moi* et *me dist*

Die einfache greift auch bei venir, wie heute, Platz, wenn dieses kein örtliches Kommen bedeutet:

1777: De tout muer ou maintenir
Si com *me venroit* a plaisir
1801: Quar toute fois qu'il me plaira
Et que volente *me venra*
1941: Pour moi honnourer et servir
Quant il *me venra* a plaisir
10287: Miex *te venist* quë au premier
Ëusses crëu le natier

Ja sogar rein örtlich kann venir mit dem blossen Dativ konstruiert werden:

458: Et tost *venir te ferai* ci
Un mien sergant¹).

---

¹) Cf. unser deutsches: „Ich lasse dir einen meiner Diener kommen."

Beide Konstruktionen begegnen nebeneinander:
>477: Adonc, di je, c'est mon desir
>Que tost le *me* faciez *venir*
>Lors *vint a moi* a son commant
>L'official...

Halb örtlich, halb übertragen ist zu nehmen:
>1691: Vous semblez le porc sauvage
>Qui mengut en son boscage
>Le glan et point n'a le regart
>Dont il *li vient* ne de quel part.

11. Eine der Auflösung des Dativverhältnisses verwandte Erscheinung ist die Umschreibung des Possessivverhältnisses durch das betonte Pronomen mit de[1]):

>1677: Se ne fust pour *l'onneur de moi*
>2684: Quë *au regart d'eus* toutes gens,
>Ce me sembloit, estoient lais
>3369: *La biaute d'euz* et la bonte
>4494: *Le cuer de moi* trestout fremi
>5873: C'est *le cors* et *la char de toi*
>6829: Dites moy *la condition*
>*De vous* et comment avez non
>7289: Et (puis) apres *trahinerresse*
>Jer *de toi* et penderresse
>7748: cil qui gastel au deable
>Veut faire de *l'ame de li*
>8087: Chascune des autres aussi
>En cuevre *la vilte de li*
>8661: *La grant perfection de li*
>Umbre li feroit et abri
>11013: *La douceur de toi* pourtraire
>Je ne puis
>11185: je t'en lie
>*L'ame de moi* en gagement
>11619: *la grant pesanteur de li*
>Plunge la teste de celi
>Qui le porte
>12915: Ell'a eles pour tost voler
>Et pour tantost u ciel monter
>Pour (tan)tost faire son message
>A Dieu pour humain lignage.
>*De li* voir *messagiere* elle est
>Et procurresse, quant temps est.
>13091: *De li* (nous) sommes *messagieres*

---

[1]) Gessner, I, 23.

12. Même verlangt das betonte Pronomen:
   2505: Onques plus biau don ne donnai
         Se *moi meismé* ne donnai
   4133: Par le gouster les taillans meut
         Dont *soi meisme* tuer seut
   5615: *Toi meisme* . . . .
         Me creusses et t'amendasses
   6888: *De li mesmé* est eslëus
   11455: Toutevoies je m'avisai
         A moi me[i]smes . . .

Doch findet sich daneben:
   749: Quar *tu meismes* les ottroies.

Keine Schlüsse lässt zu:
   905: Quar *vous meïsmes* avez dit.

13. Eine ergänzende Betrachtung ist noch dem Reflexiv zu widmen, ergänzend insofern, als im Vorhergehenden bei Erörterung der für das betonte Pronomen im allgemeinen geltenden Gesichtspunkte das Reflexiv gegebenen Ortes stillschweigend mit einbegriffen wurde.

Auslassung des Reflexivs (reflexiv gebrauchten Personales) vor dem Infinitiv[1]) findet sich nur selten:
   3831: Dame, dis jë, or me moustrez,
         Je vous en pri, se vous voulez,
         Les quiex armes prendre je doi
         Et comment armer je m'en doi;
         Quar s'*a armer* ne m'aidïez,
         Nulle chose fait n'avriez
   7147: Combien que soit enmi la mer
         Et que le[s] vens voie *lever*.

14. **Soi**[2]) erscheint ungleich häufiger, als heute. Einmal, weil es vor Infinitiv und Partizip für **se** einzutreten hat; dann, weil es nicht der Einschränkung von heute unterliegt, sich nicht auf bestimmte Personen beziehen zu dürfen:
   4325:   *Saint Benoit*
         Nue ainsi pas ne la portoit,
         Ainciez l'avoit cainte *entour soi*
   4365: Souviengue toi du publien
         Et de l'autre pharisien
         Qui diversement avoient
         Leurs espees et portoient,

---

[1]) Tobler, II, 87.
[2]) Tobler, III, 121 ff.

>
> Quar *cil* qui u fourrel l'avoit
> Et *soi* pecheur reconnossoit
> Fut alose
> 4453: Ceste targe Prudence a non
> Que jadis le roi *Salemon*
> Portoit acoustumeement
> . . . .
> Ceste targe si le(s) targoit
> Tant com *o soi* il la portoit
> 6090: Quar par li fu endoctrine
> *Son fil* comment *soy* maintenir
> Devoit
> 7877: Ce cornet n'est pas le *Roulant*
> Dont il corna en *soi* mourant
> 8873: *Ire sui* la reboulee,
> . . . .
> Qui de douceur n'a en *soi* riens
> 9247: De ce jadis prophetisa
> *Ieremies* et en ploura;
> . . . .
> Il dist en *soi* esmerveillant
> Et en *soi* griefment complaignant
> 11963: *Syrena* est soulas mondain
> Qui par son chant et deduit vain
> Les mariniers a *soi* atrait.

Soi steht also für Personen so gut, wie für Sachen, in bestimmtem Sinne so gut, wie in unbestimmtem. Einige weitere Beispiele mögen dies noch im einzelnen illustrieren:

> 259: qui en *soy* a plus bonte,
> Plus a en *soi* d'umilite
> 1309: *Ce predicament* autre part
> Ailleurs qu'a *soy* a son regart
> 1785: Et quant *le pot* veut son potier
> Arguer et li laidoier,
> En sa facon li deniant
> Ou *soi* de sa facon plaignant
> 2379: Or s'i gart *chascun* en droit *soi*
> 4375: Miex vaut assez *soi* accuser
> 7727: quant je voi
> *Aucun* avoir vertu en *soi*
> 8019: *Un oisel* qui otruce a non
> Porte signification
> Du mantel que j'ai et de moi.
> Eles et plumes entour *soi*
> A, et toutevoies voler
> Ne puet ne *soi* en l'air lever

9052: Et garde i penra endroit *soi*
Chascun
9673: Mais quant *la chose* puet de *soi*
Monteplier
10104: Se *homme ou fame* a *soi* traboit
A la lengue fer et arain
13340: Tu doiz savoir que *hons* plain d'ire
N'a point en *soi* que rouge sanc.

15. Für den Gebrauch von soi mit Präposition) ohne Vorhandensein eines reflexiven Verhältnisses[1]) findet sich nur das Beispiel:

319: Se sans moi vas en cest païs,
Ne puet que ne soies hais
Et de mon pere, le grant roi,
Et de tous ceuz qui sont o *soi*.

Soi ist hier zwar konjektural, doch darf der Stelle volle Beweiskraft zuerkannt werden, da der Gedankengang ein anderes Reimwort als soi kaum zulässt.

16. Für pluralisches soi findet sich kein Beleg. Es tritt dafür immer das Personale ein, wie auch sonst das Reflexiv häufig durch das Personale ersetzt wird, analog dem heute bei bestimmten Personen durchgängig üblichen Sprachgebrauche wo eben heute nicht einfach se steht)[2]):

2653: Puis vi aucuns malëureus
Qui repostement par ailleurs
En *eus* de Charite mucant
Et en Penitence fuiant
Sans point de hontë (s'en) aloient
Au relief
3619: Puis pour la deffendre et garder
Eus despecier et desmembrer
Se faisoient
7135: Je sui la vielle qui me gis
Avec les enfans en leur lis,
Qui sur l'autre coste tourner
Les fais et *eus* envis lever
7490: Et fas les seigneurs des terres
Entre *eus* avoir dissentions
7745: Ce sont ceus qui sont vuit de bien
Ou qui de sens n'ont en *eus* rien

---

[1]) Ebering in Gr. Ztschr. V, 328. Voll, 17.
[2]) Gessner, I, 12.

9796: Que (les) povres gens d'abaie
Aient nulle riens que pour *eus*

11655: Saches que gent mondaine sont
Qui leur affection toute ont
D'*eus* appliquer a vanitez

99: Saint Augustin vi qui estoit
Haut aus carniaus et [se] sëoit,
. . . .
Aveques *li* avoit plusieurs
Autres grans mestres et docteurs

799: L'official s'en est tourne
Et avec *li* en a porte
Les oingnemens

831: Adonc cil unes forces prist
Et pres de *li* venir en fist
Aucuns

993: Elle quant se ouÿ apeler,
Se leva tost sans demourer,
Puis a Moysen s'en ala
Et avec *li* la [me] mena

1417: C'est cil qui juridiction
Sur *lui* et domination
A

3059: Adonc quant cil si regardoit
Derrieres *li*

6309: Le cors m'opprient et abat jus
Et me tient souz *li* tout vaincus

6541: Bien me sembla quë un fol fust
Et quë en *li* nul sens n'ëust

7329: Elle tantost les reprenroit
Et a *li* me resacheroit

7925: Mes pour ce que contre plus fort
De *li* vout faire sou effort

11697: Tantost le tire et sache a *li*
Pour porter l'en avec[ques] *li*.

Wie die Beispiele zeigten, wird singularisches soi nur bei Präpositionen durch das Personale vertreten. Beim Verb behält es gegebenen Falles noch ausschliesslich seine Stellung. So kann es kommen, dass das Reflexiv in demselben Satze auf dreierlei Art dargestellt ist:

11263: Acune foiz pitie de lui
Me prent et son eul devers *li*
Li fais convertir et tourner
Pour *soi*, quel s'est fait, regarder.

Das Personale wird sogar, ohne auf ein bestimmtes Subjekt Bezug zu haben, für das Reflexiv gebraucht¹):

327: *Qui m'a o lui,* riens ne li faut
Et qui ne m'a, trestout li faut
7747: De ce souflet (je) soufle l'astre
A *cil* qui gastel au deable
Veut faire de l'ame *de li*
8087: *Chascune* des autres aussi
En cuevre la vilte *de li*
13308: onques *archier* je ne vi
Qui en tel guise pëust traire,
Se (de) *vers li* ne vouloit traire

Beide Ausdrucksweisen, s o i und das Personale als reflexives Beziehungswort zu dem nämlichen unbestimmten Subjekt, erscheinen in folgendem Beispiele unmittelbar nebeneinander (wohl aus Gründen des Reimes):

9051: Pitie en arez si com croi
Et garde i penra *endroit soi*
Chascun, quar du meschief d'autri
Chascun a un mirour *pour li*

C. Plural für Singular.

1. Der Gebrauch des Pronomens reverentiae v o u s in der Anrede²) ist ein sehr ausgedehnter, ohne dass im Wechsel mit t u gegenüber den verschiedenen Personen (bis auf den seine Traumerlebnisse erzählenden Autor und den gelegentlich eingeführten Aristoteles lauter allegorischen Figuren, meist weiblichen Geschlechts) ein bestimmtes Prinzip zu erkennen wäre.

Der Autor (le pelerin, l'acteur) wird erklärlicherweise von allen mit t u angesprochen. Er hinwiederum hat für G r a c e D i e u, R a i s o n, N a t u r e, S a p i e n c e, R u d e E n t e n d e m e n t, also zunächst für die Personifikationen übersinnlicher Kräfte, die Anrede v o u s. Die seinen Blicken durch eine Wolke entzogene G r a c e D i e u redet er mit t u an: 10803 ff., bis wieder Wechsel mit v o u s erfolgt: 10857 ff.

Interessant ist der Disput zwischen R u d e E n t e n d e m e n t und R a i s o n. Dame R a i s o n hat für den ungeschlachten Gesellen,

---

¹) G e s s n e r, I, 12.
²) D a r m e s t e t e r, IV, 55. É t i e n n e, 203. B r u n o t, 298.

der Rude Entendement vorstellt, zuerst das kurz angebundene, überlegene tu, dann wird sie förmlicher und redet ihn lange (versteckt ironisch) mit vous an, um schliesslich, nachdem sie ihn in seiner ganzen „rudece" erkannt hat, wieder andere Saiten aufzuziehen („li chanta d'autre chancon" sagt der Autor, 5396) und geringschätzig zu tu zurückzukehren. Rude Entendement seinerseits besitzt bei aller Unbotmässigkeit Lebensart genug, Raison nur mit vous anzureden.

Ein ähnliches Verhältnis besteht vorher zwischen Dame Sapience und Aristote, insofern letzterer, ein Abgesandter der Nature („un sien clerc", 2918), Sapience mit vous, sie ihn mit tu anredet.

Grace Dieu und Nature sprechen sich gegenseitig, trotzdem erstere sich Nature übergeordnet fühlt, mit vous an.

Im weiteren Fortgang gebraucht der Erzähler gegenüber Huiseuse (Oisivete) vous, gegenüber Occupant (Occupation) tu. Von den sieben Todsünden gilt für Peresce, Orgueil (mit Flaterie), Envie die Anrede vous, für Ire, Avarice, Gloutonnie, Venus dagegen tu. Tu gilt auch für Trahison und Detraction, Heresie und Tribulation. Misericorde findet vous, Paour de Dieu und Obedience wieder tu. Enfermete und Viellece mit tu stehen Jeunece mit vous gegenüber. Die abwesende Penitance wird apostrophiert mit tu (10715 ff.).

Die Anrede für Gott ist in der Regel vous. Wechsel mit tu tritt auf in folgendem Falle:

>   12283: Merci, dis je, douz createur!
>   En ma tristece, en ma douleur
>   (De)faillant ne me *soies* mie!
>   Se par Jeunece ai ma vie
>   Une piece use folement,
>   Douz createur, je m'en repent.
>   Bien, certes, repentir m'en doi,
>   Quar quant Jeunece devant moi
>   Vi et que soterelle estoit,
>   *Ta* Grace qui me conduisoit
>   Je laissai et me fis porter
>   A la sote parmi la mer.
>   Or m'a porte, or sui chëu,
>   Or m'en est voir mesavenu
>   Se ne me *prestes* (·I·) refuge
>   Aussi qu'u temps du deluge

> Par *ta* Grace a Noe feis,
> *Tu vois*, douz Diex, que sui peri(l)z.
> *Fai moi de toi* · I · esconsal,
> On abri et un repostal
> Ou je me puisse aler bouter
> Pour *ta* favresse et abrier,
> Et se *de toi* nel *veus* faire
> Douz Diex, *te* veulle au mains plaire
> Qu'encor *ta* Grace le me soit
> Aussi comme estre le souloit.

Die ganz besondere Inbrunst dieses Gebetes, die den Betenden seinem Gotte gegenüber gleichsam alle Schranken vergessen lässt, dürfte den raschen Übergang von vous zu tu erklären. Von vorneherein erscheint tu: 10792 ff., wo gleichfalls die höchste Inbrunst spricht.

Für die Mutter Gottes gilt tu. Maria steht dem Menschen an sich näher und ist zudem in jener Zeit der Gegenstand so warminniger, kindlich zuversichtlicher Verehrung, dass der Gebrauch des vertraulichen tu ihr gegenüber nicht verwunderlich ist. In welchem Geiste der Beter ihr naht, möge die erste Strophe des 25 strophigen Abc-Gebetes darthun, das Chaucer Vorbild zu seinem verwandten Hymnus war[1]):

> 10893: A *toi*, du monde le refui,
> Virge glorieuse m'en fui
> Tout confuz, (quar) ne puis miex faire.
> A *toi* me tieng, a *toi* m'apui.
> *Relieve* moi, abatu sui,
> Vaincu m'a mon (grant) adversaire.
> (Et) puis qu'en *toi* ont tous repaire,
> Bien me doi (donc) vers *toi* retraire,
> Avant que j'aie plus d'ennui.
> N'est pas (tel) luite necessaire
> A moi, se *tu* (com) debonnaire
> Ne me sequeurs com a autrui.

2. Vom Pluralis majestatis nous für je[2]) findet sich nur in den Urkunden Anwendung, die mehrmals eine Rolle spielen. Zunächst in dem Schriftstück, das Raison Rude Entendement vorlesen lässt, um ihm zu beweisen, dass sie von Grace Dieu durch Vollmacht zu ihrem Handeln beauftragt ist (5219 ff.). Doch ist hier der Plural nicht konsequent festgehalten, sondern es erfolgt unvermittelt Wechsel mit dem Singular:

---

[1]) ten Brink, II, 62. (Cf. Einleitung, Seite 17.)
[2]) Darmesteter, IV, 55. Étienne, 203. Brunot 298.

> 5225: Entendu *avons* de nouvel
> De quoi ne *nous* est mie bel,
> Quë un vilain mal savoureus
> . . . .
> S'est fait espieur de chemins
> . . . .
> Et a fin que plus soit doute,
> Il a a Orgueil emprunte
> Son mauves et cruel baston
> C'on apelle Obstination,
> Le quel assez plus *me* deplaist
> Que li vilain enfrun ne fait,
> Pour la quel chose mandement
> Te *donnon* . . .

Dann erscheint er in den beiden Vollmachten, die Tribulation von Gott (12099 ff.) und dem Satan (12173 ff.) vorweist.

D. En und y.

Was die Pronominaladverbien, schlechthin als Satzbestandteile genommen, mit dem Pronomen Gemeinsames oder von ihm Verschiedenes haben, wurde der inneren Zusammengehörigkeit wegen an entsprechender Stelle oben mitbehandelt. Hier seien en und y für sich genommen und zur Ergänzung auf das hin betrachtet, was ihnen ausschliesslich eigentümlich ist.

1. Von en ist vorauszuschicken, dass es an einer Stelle noch in der alten, seiner Herkunft von lateinischem inde getreueren Form ent erscheint, und zwar unmittelbar neben en:

> 2893: (Quar) grant le tourna sans mesure
> Pour donner *ent* (a) touz pasture
> Et qu'*en* peust estre saoulez
> Chascuns et bien assasies.

Was seinen Gebrauch anlangt, so ist dieser ein ebenso verschwenderischer, wie nüancenreicher.

2. Verhältnismässig am wenigsten häufig tritt es der Bedeutung seines lateinischen Stammwortes entsprechend als reines Ortsadverb auf, — „hinweg" „fort", wie heute:

> 799: L'official s'*en* est tourne
> Et avec li *en* a porte
> Les oingnemens
> 995: Puis a Moysen s'*en* ala
> 4608: Quant m'*en* meistes en la voie

8382: (Tan) tost sans delai s'*en* fuiroient
12250: Et s'*en* fui et s'*en* vola.

3. In weiterem Sinne gilt dann die ihm so eigen gewordene Bedeutung einer Herkunft „von, aus, durch etwas" bei übertragenen Beziehungen:

620: Retenu a toul vengement,
Pour ce qui tolir lui vourra,
A mal chief venir *en* pourra
1051: En ce ne pues tu perdre rien,
Ainsiez *en* puet croistre ton bien
6781: Ne sai, se ja droit *en* arai
Ou se ja vengie m'*en* verrai
10799: De mes douleurs me fais confort
Et me respites de la mort,
Je t'*en* rent graces et mercis,
Douz debonnaires Jhesucris!
10811: Ton conseil onques je ne cru.
A droit m'*en* est mal avenu
A jointes mains t'*en* cri merci
Et en plourant ma coupe *en* di.

4. Insbesondere gehört hierher seine Verwendung bei Komparativen, um aus Gegebenem einen „desto" höheren Grad des Ausgesagten herzuleiten:

795: Or fay ce des ore en avant,
Si *en* iert ton honneur *plus grant*
1333: Quar de tant plus ont de sergans,
Tant s'*en* font il assez *plus grans*
1583: Et toute mutation he
Qui est faite en hastivete;
Si *en* vaut *miex* mon ouvraige
1825: Quar des biaus fais (a) la maistresse
Se doit esjoir (la) baiesse,
Mëesmement quant n'y pert rien,
(Et) que *miex en* vaut le commun bien
3449:   aussi u pommel
Je la vi, dont mont me fu bel.
Miex en amai voir le bourdon
Et *miex en* prisai la facon
4795: Pour quoi ne sui plus viguereus,
Plus fort, plus dur, plus vertueus,
A fin que peusse soustenir
Les armes et les bien souffrir?
Mont *en* vausisse certes *miex*.
Et Grace Dieu m'*en* amast *miex*.
Touz aussi *miex* m'*en* prisassent
Et doutassent et amassent

5533: (Et) pour ce n'est pas reprouvee
L'Euvangile ne faussee,
Ains *en* est aus bien entendans
Plus gracieuse et plus plaisans.
Plus a u pre diverses fleurs,
Plus gracieus en et li liex
6353: Il est ycy en son paÿs,
Sur son fumier et son fiens mis,
Si *en* est contre toy *plus fort.*

5. Im weitesten Sinne steht es zurückweisend für jegliche mögliche Verbindung mit d e:
688: Ce senefie, pas n'*en dout*
Qu'en toy aies humilite
831: Adonc cil unes forces prist
Et pres de li venir *en fist*
Aucuns
1075: Or entendez quel glaive c'est,
Comment aus folz perilleus est,
Combien cil qui *en* veut *user*
Le doit cremir
1102: Mont doit ains le juge entendre
Les circonstances du meffait
Que nul jugement *en* soit *fait*
1153: Bien aussi apenser se doit
Qui de ce taillant ferir doit,
Et bien vous di que deu[e]ment
Nul n'*en fiert*...
1241: Tout devez peser sagement
Et *jugier en* discretement
1365: Së un coutel desgaïne
Je portoië et desnue,
Et rien n'*en* ëusse a *taillier*
1473: Enseigniez moi de ce mengier
Et m'*en* veulliez un pou *preschier*
1795: Quar vous n'estes tant seulement
Que mon oustil ou instrument
Que jadis fis pour moi aidier
Sans que j'*en ëusse mestier*;
Non pas que touz jours *en feisse,*
Fors seulement quant (je) vousisse
7787: Ce cornet . . . .
. . . .
Par le quel les testes lever
Leur fais, quant fort *en* veul *corner*
7951: J'*en deffent* vices et pechiez
8918: Mon fer limoit et endentoit
Scie *en* a *fait*

6. Speziell kommt ihm also die Vertretung eines Genitivs zu (der seinerseits wieder in manchen Fällen für ein Possessiv genommen werden kann[1]):

43: Mont me sembloit de grant atour
Celle *cite* ens et entour.
Les chemins et les alees
D'or *en* estoient pavees
61: l'*entree*
Qu'estoit mont forment gardee.
Cherubin portier *en* estoit
500: De mon bourdon *je vous dirai*
Et de l'escherpe que desir,
Quar assez *en* avrai loisir
768: sa *meson* si deffendy
Contre emperris et empereur
Que tout seul il *en* fu seigneur
1249: Quant des *meffais* arez jugie
Et paines *en* arez chargie
1407: Lors pues tu bien desgaïner
Le *glaive* et les *clefs* deslier
Neccessite congie (t'en) donne
Et l'usage (t')*en* abandonne
2481: Mes menistres de paradis
*L'*aporterent en cest païs
Et *en* firent a ceus present
3721: (Et) pour ce'a elle este entee
Par art soutil et (ad)joustee
A ce *bourdon* qui est si bel,
A fin qu'elle *en* soit un pommel
8359: Or te di que je m'en alai
A une *escole* et la trouvai
Mon pere qui mestre *en* estoit
9631: Le *temps* et le *soleil* mien fis
Et en ma balance le mis.
Je m'*en* sui fait(e) peserresse
12081: Je *le* sai bien, essaie l'ai,
Commis m'*en* fu piec'a l'essai.

7. Und hier steht es im besonderen, wie heute, ergänzend bei Quantitätsbegriffen, oder auch ohne solche. um einem partitiven Verhältnisse Ausdruck zu geben:

1421: Së aussi *subjes* ëusses,
. . . .
Mais *nus n'en* as

---

[1] Cf. Tobler, III, 46. Vergl. auch oben B, 11.

1829 : Or *en* faites *quanque* vous plaist
2724 : Ce *relief* qui est si petit,
Quar a moi seul ne soufiroit
Se *tex dix tans en* i avoit
3816 : s'il me faut,
Pour querir *armes*, loing aler;
Assez en vois pour toi armer
4962 : Se du *pain* Moisi eusses.
Va, si *en* pren
5041 : Que mes *armeures* aportast
Et que *nulles n'en* oubliast
6010 : *Force* as en toy, mes *point n'en* a
7123 : Les *pelerins* quë arrester
Je puis par les piez et lier.
Mains li *en* ai piec'a menez
Et *en* merrai encore *assez*
7951 : J'en deffent *vices* et *pechiez;*
Nul n'en i a nouvel ne viez
8703 : Ce cheval · IIII · *piez* avoir
Doit, si com chascuns doit savoir;
Quar, se sanz plus · *III* · *en* avoit
Ou · II · ou · I ·, il clocheroit
9389 : Assez ai *mains* pour agraper,
Mes *nulle n'en* ai pour donner
9395 : Je ne quier qu'amasser *deniers,*
. . . .
Plus en ai, *plus* avoir *en* veul,
Insaciable en est mon veul,
Ma pensee et m'affection
N'en puet avoir replection
12555 : Adonc Grace Dieu me mena
En la nef et la me monstra
Les biaus *chastiaus* . . . . .
. . . .
Si com me dist, · *I* · *en* eslu
12768 : Qui a laissie de son bon gre
Touz *biens* quë u mondë avoit
Et *quanque* avoir *en* i pouoit

Doch kann es in solchen Fällen auch unterdrückt werden:

7424 : Tu dois savoir que (je) sui celle
Qui des *vielles* (sui) apellee
[Sui] la plus vielle et clamee.
Si vielle *n'i a* com je sui
9932 : Et si te di que bien souvent
En monstre bonnes *deurees,*

> Mais quant puis sont achatees
> *Elle a autres* de tel couleur
> 10015: Elles n'avoient nus *amis*
> *Ne n'ont encore* a mon avis

8. Abundierend erscheint es:
> 1534: Et mont envis vous vourriez
> Que de rien *je m'en meslasse*
> 7487: Assez de maus mains *fait en ai*
> 10980: Avec li crut des enfance
> Pitie dont j'ai esperance
> *Avoir en* a mon usage.

9. Auf Personen bezieht es sich:
> 1018: Veez cy *Grace Dieu*, prenez la!
> Je la (vous) doing en compaignie,
> Pour qu'*en* faciez vostre amie
> 5143: Un *advocat* eusse loue
> Volentiers, se l'eusse trouve,
> Quar bien *en* avoie mestier
> 12785: De sa *compaigne* aussi te di,
> Qui porte le baston et qui
> Fait les lis, (je) lo que l'amie
> (Tu) *en* faces...

10. Y (i) steht zunächst in örtlichem Sinne, — „dort" „dahin", wie heute;
> 354: Si te di je quë en l'estre
> De Jherusalem n'enterras
> Sans moi ne le pie n'*i* metras;
> Quar comment que tu aies veu
> Plusieurs choses et percëu
> Qu'aucuns *i* entrent trestous nus,
> Qu'aucuns *i* volent par dessus,
> Qu'aucuns *i* entrent par engin
> Et li autres par Cherubin,
> Nulz fors par moi toutevoies
> N'*i* entre
> 6981: Elle la planta autressi
> Pour verges et balays prendre *i*,
> Pour *i* ses mailles enmanchier.

11. Das unpersönliche (il) y a gehört, als ursprünglich örtlich zu nehmen, gleichfalls hierher:
> 407: Clochiers *i* ot et belles tours
> 1231: N'*y a* chose si bien close
> 1436: Quar nulle chose n'*i avoit*
> 12461: *Il y avoit* tours et chasteus.

Da hiebei ausser dem Subjekt il[1]) auch y ausgelassen werden darf:

 6566: Qu'en toy *il a* de sens petit.

so bleibt von il y a unter Umständen nur das Verb übrig:

 2259: Rien n'*a* dedens
 4577: Ou (tu) cuidez par aventure
    Qu'en moi *ait* si grant laidure
 5537: Plus *a u* pre diverses fleurs
 7037: En mon chemin cordes et las
    Avoit
 12457: En celle nef plusieurs maisons
    Et plusieurs habitations
    Avoit ...

Auch in zeitlicher Bedeutung findet sich (il y) a, — „vor", wie heute:

 397: Celle avoit elle fondee
   (Si) com disoit et maconnee
   · XIII: · et · XXX · ans *avoit*
 1669: *N'a pas mont* que dit aviez
 2813: Charite, qu'as oui parler
    N'a pas granment
 5706:   en la maison
   Grace Dieu *n'a pas mont* te vi
 5779: *Grand temps a* que tu commencas.

12. Ferner steht y in übertragenem Sinne, teils um im allgemeinen auf etwas Gegebenes zurückzuweisen — „dabei" „da" u. s. w. —, teils um einem bestimmten Dativverhältnis stellvertretend Ausdruck zu geben:

 589: Douz doit estre cil qui le tient,
   Quar trop rudesse *i mesavient*
 702: Or *i entent*, c'est ta lecon
 1063: Seigneurs, dist elle, entendez moy,
   Vostre profit *y gist*, ce croy
 1361: Du glaive nu (tu) que feroies
   Et des clefs, se les avoies
   Descouvertes? Rien je n'*i voi*
   Que folië
 1475: Certes, dist elle, non ferai,
   Quar nulle chose je n'*i sai*
 1825: Quar des biaus fais (a) la maistresse
   Se doit esjoir (la) baiesse,
   Mëesmement quant n'*y pert* rien

---

[1]) Cf. oben A, 2.

3665: Adonc sans demourer la pris
Et entour moi tantort la mis
Et Grace Dieu si *m'i aida*
4787: Comme un contë arme m'avoit
Et comme un duc, *rien n'i failloit*
5505: Or prenez tout, quar je l'otroi
Pour le besoing que jë *i voi*
6489: Pou avenoit que la veisse,
Se grant paine n'*y mëisse*
11219: Aidiez moi, elle m'aidera,
Je m'i fie

13. Beziehung auf Personen findet statt:

169. La clef bailliä en avoit
A *Saint Pierre* en qui se fioit.
Bien s'*i* pouoit certes fier
5005¹):   a ce que ne te fies
En *moi* trop ou ne (t')*i* apuies
7383: A *ces vielles* bataille aras
Ou sans bataille t'*i* rendras
12341: Et pour ce que *Grace Dieu* est
L'abri qu'as touz jours trove prest
A (touz) tes besoings, je t'*i* maine.

Bemerkenswert ist hier besonders das zweite Beispiel, wo sich y auf die erste Person bezieht²).

14. Statt y ist das Pronomen gesetzt, obwohl von einer Sache die Rede ist:

3679: Le *bourdon* Esperance a non
Qui est bon en toute saison,
Quar trebuchier ne puet celui
Qui a certes *s'apuie a lui.*
Le fust Sethin dont fait il est
Mont bien te monstre quel il est.
A li apuier te devras...

Vergl. dagegen einige Verse weiter:

3699: En ce pommel te dois mirer
Et souvent i dois regarder,
Toi *apuier i* de touz poins
Et fort aherdre t'i aus poins,
. . . .
Et tant com t'*i apuieras*...

---

¹) Grace Dieu spricht.
²) Cf. Stier, 299, Anm. 4.

Schluss.

Es ist ein vielfarbig buntes Bild, das die vorstehend abgeschlossene Betrachtung dem Blicke entrollt hat. Nur wenige Konturen sind fest, die meisten erscheinen in steter Bewegung unter dem flimmernden Lichte, das wechselnd bald sie verschwimmen, bald um so schärfer sie hervortreten lässt. Altes und Neues ringt miteinander um die Oberherrschaft in friedlichem Wettstreit, der, dem Dichter willkommen, ihm eine seltene Freiheit und Vielseitigkeit des Ausdruckes gewährt. Der Dichter benützt denn auch ausgiebig diese Freiheit und erleichtert sich dadurch bedeutend seine Verskunst. Er folgt je nach Bequemlichkeit der einen oder der anderen Strömung und macht sich nicht das mindeste daraus, wenn aufeinander prallend verschiedene sich begegnen. Ist er doch nur das Kind seiner Zeit, die ihn trägt, wie er sie wiederspiegelt, als eine Zeit der Gährung, wo unklar noch die Elemente durcheinander wogen und eher vom Alten noch einen durchsichtigen Begriff gewähren, als sie das Neue schon sicher erkennen lassen.

Da ergeben sich nun aus G. de D. für den bestimmten Zeitpunkt der Jahre 1330—31, um den es sich hier handelt, folgende wesentliche Charakteristika:

1. Die 3. Person plur. masc. erscheint noch ausnahmslos ohne s : il.

2. Die ursprüngliche weibliche Akkusativform li ist noch nicht durch die Nominativform elle verdrängt.

3. Der Akkusativ geht noch stets dem Dativ, und dementsprechend en dem y voraus.

4. Der eingeleitete, also auch der einem ersten folgende zweite Imperativ nimmt die Pronomina noch durchweg vor sich (nur zwei Ausnahmen nach si ques).

5. Das Partizip (Gerund) erweist sich noch nahezu ungebrochen widerstandsfähig gegen das Andringen des neuen, jeder Ausnahmestellung abholden Geistes, während der mit ihm ursprünglich dieselben Schicksale teilende Infinitiv schon keinen ernstlichen Widerstand mehr leistet, — d. h.

a) die Kombination „Verbum finitum + Partizip" gilt noch durchweg als ein Begriff und nimmt das Pronomen vor das Verbum finitum, während die grammatikalisch ursprünglich gleichwertige Kombination „Verbum finitum + Infinitiv" schon gerne die alte begriffliche Geschlossenheit aufgibt zu Gunsten des seinen Infinitiv suchenden Pronomens;

b) das Partizip verbindet sich noch fast durchweg nur mit dem betonten Pronomen, das es mit einer einzigen Ausnahme stets vor sich hat, während der Infinitiv schon nicht mehr so streng auf der gleichen Verbindung mit dem betonten Pronomen besteht.

6. Die Auslassung des Subjektes aller Personen ist noch im weitestem Masse erlaubt.

7. Dem unbetonten Pronomen wohnt noch die alte Kraft inne, als absoluter Nominativ zu fungieren, welche Funktion es übrigens schon mit dem betonten Pronomen zu teilen beginnt.

8. Die Zusammenfassung verschiedenpersönlicher Subjekte und Objekte durch das entsprechende Pronomen vor dem gemeinsamen Verb ist noch nicht, wie heute in der Regel, erforderlich, da das in solchen Fällen erscheinende betonte Pronomen, wie als Subjekt, so auch als Objekt in selbständige, direkte Beziehung zum Verb treten kann.

9. Bei der noch weit ausgedehnten Herrschaft des betonten Pronomens an Stelle des unbetonten ist Auflösung des Dativ- (und des Possessiv-) Verhältnisses noch mit Vorliebe im Gebrauch.

10. Das Reflexiv soi geniesst noch den freiesten Spielraum, mit der einen Einschränkung, dass es in pluralischem Sinne zu stehen aufgehört hat und dafür das betonte Personale eintreten lässt, dem es übrigens auch sonst schon vielfach seinen Platz einräumt.

11. Der Dativ li behauptet neben lui noch hervorstechend seinen Platz.

Neben diesen Erscheinungen, die der französischen Sprache des ausgehenden ersten Drittels des 14. Jahrhunderts, wie sie in Guillaume de Deguileville's „Pelerinage de Vie Humaine" entgegentritt, am markantesten das Gepräge einer Übergangssprache aufdrücken, haben die anderen noch betrachteten Eigentümlichkeiten nur die Bedeutung ausmalender und schattierender Ergänzungen.

Lebenslauf.

Ich, Fritz Bauer, bin geboren am 20. Februar 1865 zu Würzburg als Sohn des † Schreinermeisters Johann Bauer und dessen Ehefrau Barbara, geb. Wolz. Ich bin katholisch. Mit 5½ Jahren wurde ich in die Volksschule aufgenommen, die ich 1875 verliess, um zur Lateinschule überzutreten. Nach Absolvierung des Gymnasiums im Jahre 1884 besuchte ich 5 Semester die Universität Würzburg, 3 Semester die Universität München, und unterzog mich hierauf im Jahre 1888 dem Staatsexamen für die französische, 1890 dem für die englische Sprache, ohne mich jedoch darnach dem Lehrfache zu widmen, da Neigung mich schon nach bestandenem ersten Examen veranlasst hatte, wegen Anstellung im Bibliotheksdienste beim Oberbibliothekariat der Universität Würzburg vorstellig zu werden. Wiederholt erneuerte ich in den folgenden Jahren meine Vorstellung, aber erst 1897 erreichte ich das erstrebte Ziel, indem ich vom 1. Juli dieses Jahres ab als zweiter Assistent an der k. Universitätsbibliothek Würzburg angestellt wurde, woselbst ich, seit 1. Januar a. c. zum ersten Assistenten befördert, noch gegenwärtig thätig bin. Die Wartezeit bis zu meiner Anstellung hatte ich teils mit Erteilen von Privatunterricht, teils mit schriftstellerischen Arbeiten ausgefüllt. Als Kritiker für Literatur und Theater bin ich gegenwärtig Mitarbeiter der „Neuen Würzburger Zeitung". An grösseren Schriften veröffentlichte ich: 1893 die Broschüre „Kistler's Kunihild epochemachend? Nein!!!", 1898 das im selben Jahre (1. April) am Stadttheater Würzburg zur Aufführung gekommene fünfaktige Schauspiel „Ideal und Leben".